JN431561

AI 범죄와 윤리적 책임 주체

AI문고

인공지능 시대입니다. 기계가 인간의 인지를 대신하고, 사물이 인간을 통하지 않고 다른 사물과 직접 커뮤니케이션합니다. 이에 따른 인간 삶과 문명 변화를 정확히 이해·예측·대응하는 것은 이 시대 우리 모두의 과제입니다. AI문고는 인공지능 기술과 환경의 여러 주제를 10가지 키워드로 정리합니다. 관련 개념과 이론, 학계와 산업계의 쟁점, 우리 일상의 변화를 다룹니다. 인간과 기술의 현재, 미래를 세심히 분석합니다.

일러두기

- 인명, 작품명, 저서명, 개념어 등은 한글과 함께 괄호 안에 해당 국가의 원어를 병기했습니다.
- 외래어 표기는 현행 어문규정의 외래어표기법을 따랐습니다.

처음이세요?

전문가세요?

지금, 큐알 찍으면

- AI 입문서 바로 선물
- 당신만의 필독서 추천
- 500권 요약본 공짜
- 오디오북 무료 사용

AI 범죄와 윤리적 책임 주체

최애순

대한민국, 서울, 커뮤니케이션북스, 2026

AI 범죄와 윤리적 책임 주체

지은이 최애순
펴낸이 박영률

초판 1쇄 펴낸날 2026년 1월 5일

커뮤니케이션북스(주)
출판 등록 2007년 8월 17일 제313-2007-000166호
02880 서울시 성북구 성북로 5-11
전화(02) 7474 001, 팩스(02) 736 5047
commbooks@commbooks.com
www.commbooks.com

이 책은 커뮤니케이션북스(주)가 저작권자와 계약해 발행했습니다.
본사의 서면 허락 없이는 어떠한 형태나 수단으로도
이 책의 내용을 이용할 수 없음을 알려드립니다.

ⓒ 최애순, 2026

ISBN 979-11-430-1596-9 03500

책값은 뒤표지에 표시되어 있습니다.

차례

AI 윤리의 필요성

우리는 인간 능력의 한계보다 더 뛰어난 능력을 경험하길 바라고, 신뢰할 수 없는 인간보다 오히려 신뢰할 수 있는 AI에게 공정하고 객관적인 판단을 맡기길 바란다. 실수할 수 있고 주관적인 평가를 할 수 있는 인간 대신 AI 심판, AI 수술 의사, AI 판사 등 실수하지 않고 주관적인 감정보다 객관적인 사실에 근거한 판단을 내리길 바라는 심정에서 AI의 도입을 강력하게 주장하곤 한다.

AI 로봇 청소기, AI 센서 등 가정의 주방, 거실, 안방에서 우리는 생활의 편리를 누리고 있다. 자율주행차가 상용되는 시대가 오길 바란다. 운전하다 졸거나 혹은 나이가 많아서 대처가 늦거나 하는 인간보다 AI가 더 믿을만하다는 이유에서다. 그러나 AI가 운전하는 자율주행차는 사고가 전혀 나지 않는가 하고 묻는다면, 이미 자율주행차 사고가 보도된 상태다. 아직 우리는 사고가 났을 때 그 책임을 누구에게 물을 것인가에 대한 답을 내놓지 못하고 있다.

AI가 더 발전하기를 바라고, 인간과 닮아지기를 바라

고, 인간처럼 감정을 가져서 교감할 수 있기를 바란다. 강 AI의 실험은 AI의 자율성이 강화된 경우의 모델이다. 그러면서도 인간은 끊임없이 AI가 인간에게 반격을 가할지도 모른다는 공포에 시달려 왔다.

AI가 인간과 닮아간다는 것

1968년 스탠리 큐브릭 감독의 〈2001 스페이스 오디세이〉의 인공지능 HAL 9000에서부터 2004년 〈아이, 로봇〉의 인공두뇌 비키에 이르기까지 인간은 아주 오래전부터 인공지능이 자의식을 가지게 될 때의 공포를 예상해 왔다. 그리고 그 공포는 각종 대중 매체에서 인간에 대한 살인과 인류 멸망에 대한 상상으로 점점 구체화되었다. 인공지능 HAL 9000은 디스커버리호 6명의 대원 중 한 명으로 목성에 가는 여정에 합류한다. 인간 대원이 5명인데, 계속 6명이라고 함으로써 인공지능이 한 명의 인간의 역할을 하는 대원으로 참여하고 있음을 상기시킨다. HAL 9000은 실수를 하지 않고 진실만을 말할 것이라 여겨졌다. 그런데 거짓말을 하고 오류를 저질렀기 때문에 데이브와 프랭크는 AI 컴퓨터인 HAL 9000의 작동을 멈추어야 한다고 한다. 인공지능의 정체성인 두 가지가 무너졌을 때 실수하고 거짓말하는 인간과 다를 바가 없어지면서, 할은 감정을 드러내면서 자신의 오류가 인간의 실수 때문이라 변명하기도 하고 자신의 작동이 멈추려 하자 두렵다고 말하기도 한다.

〈2001 스페이스 오디세이〉에서 인간과 흡사하다는 이유(오류와 거짓말)로 제거 대상이었던 AI HAL 9000은, 〈아이, 로봇〉에서는 인간과 달리 논리적이라는 AI 비키로 등장하여, 인간의 자유를 제한하고 군대를 비롯한 모든 인간 시스템을 통제한다.

〈아이, 로봇〉은 인공지능이 인간의 명령에 따르지 않고 자율적 판단을 하여 시스템을 지배하게 된다면 어떻게 될까에 대한 공포를 담아내고 있다. 〈아이, 로봇〉에서 스프너 형사가 인공지능 로봇 써니에게 물었던 "너가 음악을 작곡할 수 있어?" "명화를 그릴 수 있어?"라는 질문은 이제 현실이 되었다. 그 질문에 인공지능 써니는 인간인 너는 할 수 있냐고 되묻는다. 그러나 지금은 인간만이 할 수 있었던 작곡과 창작을 인공지능이 할 수 있게 된 것이다. 〈아이, 로봇〉은 감정을 배운 인공지능 로봇에 대한 공포의 극대화를 보여 준다.

〈2001 스페이스 오디세이〉에서 HAL 9000은 인간처럼 거짓말을 하고 오류를 저질렀다는 이유로 작동이 멈추어져야 했다. 반면 〈아이, 로봇〉에서 써니는 인간의 명령을 따르지 않고 인간과 같은 '감정'과 '자유의지'를 가져서 해체될 위기에 처한다. 인간은 AI가 인간과 닮기를 바라면서도 인간 능력의 한계를 뛰어넘는 초인지를 가지기를 요구한다. 그러면서도 어느 순간 인간이 할 수 있는 일들을 모두 하게 되어 인간보다 뛰어나게 될까 봐 두려워하는 모순되고 충돌된 감정을 가진다. AI 시대 우리에게 가장 시급한 것은, 'AI에게 어떤 목적을 부여할 것인가', '어떤 AI를 만들 것인지'에 대한 판단 기준이다. 인간은 AI의 개발 욕구와 AI에 대한 두려움이 충돌하는 감정싸움에서 아직 오지 않은 미래보다 현재의 발전 속도를 가속화할 욕망이 더 강하기 때문이다.

〈2001 스페이스 오디세이〉와 〈아이, 로봇〉은 각각 아서 클라크와 아이작 아시모프 SF를 원작으로 한다. 아서 클라크의 작품을 영화로 만든 스탠리 큐브릭은 인공지능 HAL 9000이 진화하는 생명체인 것처럼 묘사한다. 아이작 아시모프의 '로봇은 인간을 해치면 안 된다'에 기반한 로봇 3원칙은 현재까지도 유효한 로봇 규칙으로 남아 있다. 그러나 AI의 목적이 충돌하는 경우 '로봇은 인간을 해치면 안 된다'는 언제든지 위반될 수 있다. 〈아이, 로봇〉의 레닝 박사는 로봇 3원칙의 결과는 결국 '혁명'으로 이어질 것이라고 경고한다. 그 혁명이 로봇의 혁명임은 자명하다. 인간만이 감정과 자유의지를 가지고 있다며 우월하다는 인식을 버리지 못하면 돌아오는 것은, AI에 의해 지배되는 세상일 뿐이다. 로봇의 해방이나 혁명을 로봇의 경련, 로봇의 의외성, 로봇의 고장, 로봇의 반란 등으로 여전히 인간 중심적 사고에서 받아들이게 된다면, 인류는 머지않아 파국을 맞이할 것이다.

인간을 닮은 AI의 개발은, AI를 인간처럼 대상화하면서도 인간으로 대우하지는 않는 모순된 상황을 초래한다. 이러한 모순된 결과는 인간에게도 전염되어 인간을 무생물이나 로봇, AI를 다룰 때와 별반 다를 바가 없게 함부로 대하여, 인간의 가치를 상실하게 할 수 있다. AI를 어떻게 대우할 것인가의 문제는 곧 인간에 대한 예의와 인간의 가치에 대한 문제다. AI 시대 인간의 가치를 계속 물어야 하는 이유는 AI가 인간을 닮아갈수록 인간이 인간임을 증명할 수 있을까 하는 인류의 위기와 직결되기 때문이다. 인간의 특성은 곧 실수와 결함투성이라는 열등감만 남게 되는 것일까 하는 무기력함과 자존감의 상실로 이어지게 된다면, 우리는 왜 AI를 개발하는 것일까에 대해 진지하게 생각해 볼 필요가 있다.

AI와 범죄, 연루된 인간: AI 윤리의 필요성

로봇 살인, AI 살인이라는 극단적인 범죄에서부터 AI 가스라이팅, AI 통제와 지배 등에 이르기까지 AI가 발전할수록 우리는 수많은 경우의 범죄에 노출될 수 있다. AI 관련 범죄는 이미 도래한 것도 있고 아직 도래하지 않은 것도 있다. 그러나 AI의 발전 속도로 미루어 짐작해 보면, 머지않은 미래에 AI가 인간의 능력을 뛰어넘는 AI 특이점이 올 것이며, AI를 악용하거나 멋모르고 사용하는 사람들에 의해 수많은 범죄가 야기될 것이다.

AI 범죄가 무서운 이유는 AI에게 국한된 것에서 그치지 않고, 인간에게 영향을 끼치기 때문이다. 마치 핑퐁 게임처럼 AI에게 한 욕설이 인간에게 되돌아오고, AI를 가스라이팅 한 것이 고스란히 우리에게 자살을 종용하도록 부추기기까지 한다. AI를 상대로 한 악한 마음이나 부정적 마음들은 AI가 아닌 인간을 향하게 된다. 우리가 AI와의 관계를 생각해야 하는 것은, 세상이 인간 중심으로 들아가거나 인간만이 사고할 수 있는 우월한 존재가 아니기 때문이다. 인간중심주의에서 벗어나 동물, 로봇, AI 등과 공존할 수 있는 방법을 찾아야 한다.

'AI 특이점'은 AI가 인간의 능력을 뛰어넘게 되는 순간이다. 그런데 AI의 혁명 대신 'AI의 특이점'이라는 용어를 사용한다. 마치 AI가 비정상적이고 이상 행동을 보이는 시점인 것처럼 말이다. 비정상적이고 이상적인 행동은 인간의 명령이나 통제가 먹히지 않는 행위를 의미한다. AI 특이점이 오기 전에, AI 특이점이 올 날을 두려워하기 전에 AI와 공존할 수 있는 방법을 찾아야 할 것이다. 인간은 지구에서 우월한 종이 아니라 수많은 종 중 하나일 뿐임을 자각해야 할 것이다.

AI를 어떻게 대우해야 할지 'AI 윤리'에 대한 고민은 인간이 인간으로 살 수 있는 최소한의 가치에 대한 고민이기도 하다. AI를 향한 분노나 폭력이 AI에서 그치지 않고 인간을 향하게 되고, AI가 나에게 딱 맞춰주었으면 하는 욕망이 나 아닌 타인을 향하게 되면서, 인간은 이기적인 유전자로만 가득 찬 디스토피아 세상을 맞이할지도 모른다. AI 윤리를 확립하는 것은 곧 인간과 다른 종과의 관계에서 인간이 어떻게 공존할 수 있는가의 문제다. AI 기술 속도가 빨라지면서 AI 특이점이 5년 안에 올 것이라고 과학자들이 앞다투어 말한다. 그러면서 AI를 아주 손쉽게 사용하고 의존하면서도, AI가 인간을 지배하게 될지도 모른다는 공포에 시달린다. AI를 두려워하기 전에 AI를 어떻게 대우할 것인지에 대한 AI와의 관계를 고민하고, AI를 어떻게 사용할지에 대한 AI 윤리를 확립해야 할 필요성이 제기된다.

책 구성의 도움말: 경우의 수들–'만약 AI 범죄가 발생한다면'

이 책의 구성은 AI 범죄 발생의 통계를 낸다거나 하는 등의 객관적 자료에 근거하지 않는다. AI에 대한 대중의 감정과 인식, 그리고 아직 일어나지 않은 AI 범죄에 대한 대중의 공포가 담긴 영화, 드라마, 웹툰, 소설 등의 대중 매체를 중심으로 하여 '만약 이런 일이 실제로 벌어진다면'에 대한 가상을 전제로 한다. 기본적으로 영화 〈2001 스페이스 오디세이〉, 〈아이, 로봇〉, 〈업그레이드〉, 〈마이너리티 리포트〉, 드라마 〈아이쇼핑〉, 웹툰 〈인간적인, 너무나 인간적인〉, 〈인간의 온도〉, 〈AI가 세상을 지배한다면〉 등의 대중 매체에 나타난 가상 상황을 다룰 예정이다. 그러나 일어나지 않을 법한 대중 매체 속 상황들이 실제로 벌어지고 있어서 충격을 던져주기도 한다. 본론의 4장까지는 신문 기사나 뉴스에서 다룬 소식들을 중심으로 우리가 AI로 인해 겪는 사건 사고들을 다뤄 볼 것이다. 소설과 웹툰 등 대중 매체는 경우의 수라 할 수 있는데, '만약 이런 일이 벌어진다면', '이럴 경우' 등의 가정적 상황 때문이다.

이 책에서는 대중 매체와 더불어 소설을 다룰 때는 로봇 용어를 처음 사용한 1920년 카렐 차페크의 《R.U.R》 이외에는 청소년 SF를 텍스트로 활용하였다. 각종 기사에 올라오는 AI 학대나 가스라이팅으로 인한 자살 사건에는 안타깝게도 14~16세라는 어린 나이의 청소년인 경우가 있었다. 앞으로 AI는 더 쉽게 청소년들의 삶을 파고들 것이다. 자아 정체성을 확립해야 할 시기에 오히려 AI로 인한 정신적 혼란과 방황을 겪을 수 있기 때문에, AI 윤리의 확립은 청소년의 성장에도 중요한 역할을 할 것이다. AI의 발전에서 어른들의 나쁜 의도나 목적으로 인해 가장 영향을 받을 수 있는 대상이 청소년일 수 있다. AI의 발전에서 고려 대상도 아니고 직접 참여하지 않기 때문에 자신들의 의사도 표명하지 못하는 청소년의 감정을 조금이라도 공감하길 바라는 마음에서 청소년 SF를 활용하였음을 밝힌다.

AI 관련 웹툰을 찾으면 아이러니하게도 〈인간의 온도〉나 〈인간적인, 너무나 인간적인〉처럼 AI가 아닌 '인간'을 내세운 제목들과 마주하게 된다. AI 시대의 가장 큰 고민이 바로 '인간이란 무엇인가' 하는 '인간의 가치'에 대한 물음임을 실감할 수 있었다. 인간만이 가지는 따뜻한 온도가 차가운 AI 시대를 살아가는 데 큰 위로가 되지는 않을지라도 그래도 인간의 온도를 믿어야만 'AI 윤리'가 확립될 수 있을 것이다.

참고문헌

스탠리 큐브릭(1968). 〈2001 스페이스 오디세이〉.

아서 C. 클라크(2014). 《2001 스페이스 오디세이》. 김승욱 옮김. 황금가지.

알렉스 프로야스(2004). 〈아이, 로봇〉.

최애순(2019.6.28). "[기획연재] 사이언스픽션 대중서사(2)-임신하는 로봇과 불임의 인간". 르몽드 디플로마티크. https://www.ilemonde.com/news/articleView.html?idxno=11152

01
AI 시대의 도래와 사건 사고들

AI 시대가 도래하면서 인간은 버튼 하나 혹은 몇 마디 말 혹은 키보드 몇 자로 세상과 마주하고 있다. 그러나 최근 들어 세계 곳곳에서 여러 사건 사고 소식들이 보도되고 있다. AI 시대 인간은 인간과 감정 소통이 되는 AI가 구현되길 바란다. 청소 로봇, 서비스 로봇, 주문 로봇 등 인간의 일을 덜어주는 로봇에서 돌봄 로봇, 친구 로봇, 반려 로봇 등 인간과 관계를 형성하는 로봇을 바란다. 과연 AI 로봇과 인간의 관계 형성과 상생은 가능한 것일까.

기후 위기와 인공지능?

다음 히치봇은 끝까지 여행할 수 있을까

2015년 〈누가 이런 짓을, 목 잘린 채 발견된 히치하이킹 로봇에 분노와 애도 물결〉(온라인 중앙일보, 2015)이라는 기사를 통해 전 세계에서 히치봇이 잔혹하게 부서진 사진을 보았다. 히치봇의 마지막 순간이 담긴 짧은 몇 초간의 영상은 전 세계를 분노와 애도로 물들게 했다. 히치봇을 무차별적으로 폭행하는 미식축구 유니폼을 입은 청년은 몹시 화가 난 모습이다. 도대체 무엇이 인간에게 아무런 해를 가하지 않고 히치하이킹을 하는 로봇을 향해 이토록 분노가 일도록 한 것일까.

히치봇은 캐나다의 연구팀이 인간과 로봇의 상호작용을 연구하기 위해 고안한 실험 프로젝트였다. 히치봇은 캐나다에서 독일, 네덜란드까지 히치하이킹에 성공했다. 그러나 미국 필라델피아에서 부서진 채 발견됐다. 연구팀은 범인을 추적하거나 고소할 계획이 없다고 했다. 미국에서 여행한 지 2주 만에 죽음을 맞이한 히치봇. 우리는 과연 AI 로봇과 상호작용하며 공존할 수 있을까.

문이소는 히치봇이 산산이 부서진 기사를 2017년 접한다. 참혹한 사진에 충격을 받은 문이소는 히치봇의 여행이 더 지속되길 바라는 마음을 담아 〈마지막 히치하이커〉(제4회 한낙원 과학소설상 수상작)라는 작품을 쓴다.

그러나 우리는 문이소의 바람이 정말 바람이라는 것을 알고 있다.

왜 그토록 히치봇이 분노의 대상이 되었을까에 대한 여러 추측 중 AI 로봇이 일자리를 빼앗아갈 것이라는 불안이 가져온 적개심이라는 의견과 오래전부터 관찰된 공공이나 사유 재산을 고의로 파괴하거나 훼손하는 반달리즘 행위라는 의견이 있다.

문이소의 〈마지막 히치하이커〉는 히치하이킹 휴머노이드 몰리오를 통해 히치봇이 겪었을 법한 일들을 담아낸다. 히치봇의 이동을 누군가가 도와주어야 했듯이, 몰리오도 AI가 탑재된 휴머노이드이지만 인간의 도움을 받아야 히치하이킹을 완수할 수 있다. 술에 취한 남자들이 물에 박아 돌로 눌러놓거나, 자율주행차 때문에 피해 본 운전기사들이 버스에 태우지 않는 등 몰리오는 가는 곳마다 수난을 겪는다.

몰리오를 도와 히치하이킹을 무사히 완수할 수 있도록 해 준 이는 방학을 맞이한 소녀 보나였다. 보나는 대전의 연구소에 가는 버스표를 구매할 때 몰리오를 위해 어린이용 표를 사야 하는지 청소년용을 사야 하는지 고민하다 몸무게가 어른만큼 나가니까 어른 요금을 내고 표를 산다. 이 부분은 AI에게도 인격을 부여해야 하는가

하는 문제를 다시 한번 상기시킨다. AI 휴머노이드도 표를 사서 버스를 타야 하고, 인간의 폭력과 마주하면 걷지 못하게 다치거나 부러지거나 하여 여정을 계속할 수 없다.

몰리오를 친 오토바이 운전자는 몰리오가 일어나지 못하자 사색이 된다. 그러나 로봇이라는 것을 알고 안심하더니 그냥 가버렸다. 몰리오는 그 사고로 무릎 아래 왼쪽 다리가 떨어져 나가고 왼쪽 팔도 움직이지 못한다. 그러나 몰리오는 보나의 도움을 받아 앞의 다른 세 휴머노이드가 교통사고로 박살나고 내장산에서 굴러떨어지는 등의 사고로 실패했던 히치하이킹을 성공한다.

문이소는 마지막에 뉴스 속보라는 형식을 통해 보나를 찾으며, 어떤 목적으로 로봇을 만들어야 하는지, 누구나 로봇을 사용해도 되는지를 묻고 있다. 히치하이킹 휴머노이드를 교통사고 냈던 사람들은 로봇이라 얼마나 튼튼한지 알고 싶어서가 이유였고, 내장산에서 아래로 밀어버린 술 취한 등산객들은 로봇이라 날 수 있는 줄 알았다는 것이 이유였다. AI에게 인격을 부여할 것인지를 논하기 전에, 우리는 AI를 사용할 자격이 있는가를 물어야 하지 않을까.

AI에 대한 분노

AI의 시대가 도래하고 인간은 AI 덕분에 편리하고 윤택한 생활을 누리게 될 것이라고 기대했다. 그러나 어느 순간부터 AI에 대한 부정적 감정들을 접하게 된다. 공포, 분노, 무기력 등과 같은 부정적 감정들은 AI가 인간의 삶을 위협한다고 느끼기 때문일 것이다. AI에게 일자리를 뺏길지도 모른다는 불안, AI 때문에 사고가 나서 불구가 됐다는 원망, AI 때문에 사회로부터 소외당하고 차별당한다는 억울함, AI 시대에 쓸모없는 사람으로 버려질 거라는 자포자기 등의 심리는 AI에 대한 참을 수 없는 '분노'로 표출된다.

아리스토텔레스는 분노를 다음과 같이 정의한다. 분노는 자신이나 자신의 친구가 까닭 없이 명백하게 멸시당하는 것을 두고 복수하고 싶어 하는, 고통이 뒤따르는 욕구다. 아리스토텔레스에 의하면, 분노는 특정 개인을 향해 분출되며, 자신이나 자신의 친구가 특정인에 의해 부당한 일을 당했다는 믿음이 포함되어 있다. 다시 말해 분노의 대상이 있으며, 분노를 일으키는 원인이 있다는 것이다. 또한 분노는 그 특정 개인에게 복수할 수 있을 것이란 기대감에서 쾌락이 동반된다고 한다.

AI의 발전과 함께 우리는 종종 기사에서 AI를 향한 부정적 감정들을 접하게 된다. 무인 기계가 상용화되었을 때, 자동화 기계가 늘어났을 때도 인간은 기계를 향해 분노를 표출하지는 않았다. 그런데 AI 챗봇이나 AI 로봇에게는 욕설이나 비방, 혹은 원망을 쏟아내며 분노를 표출하는 것을 볼 수 있다. 이것은 기계와 인공지능의 차이를 인식하고 무의식적으로 나타난 행위의 결과다. 인간과 대화할 수 있고, 질문에 답변을 내놓으며, 인간의 행위에 대한 반응을 보이는 AI를 특정 개인처럼 '대상화'하고 있다.

AI가 대상화될 수 있다는 것은 분노의 원인을 제공한다는 것이다. AI에게 분노를 느끼는 이유는, AI가 내 일자리를 빼앗아간다는 것(이민석, 2024)과 AI 창작 때문에 창작자들이 자기효능감을 상실한다는 것(티스토리, 2025)이다. 과학기술이 발달해서 일자리가 줄어들었다고 해서 우리는 과학기술이나 기계를 탓하지는 않았다. 그런데 인공지능이 도입되면서, AI 챗봇에게 화를 내거나 돌봄 AI에게 분노를 쏟아내거나 하는 등 AI를 '감정적으로' 대한다.

자율주행차에 대해서도 사고의 원인이나 책임을 AI에게 돌림으로써 분노를 표출하는 사례가 보고되고 있다. 자율주행차 이전에는 운전하다가 교통사고가 발생하더라도 운전자나 상대 운전자의 부주의여서 차 자체에 대해 분노를 표출하진 않았다. 그런데 자율주행차가 판매되면서, 탑승자의 분노는 자율주행차의 AI로 향한다. 그리고 그 분노는 인간이 운전했을 때보다 훨씬 강도가 크고, 한 번 사고가 날수록 신뢰도도 더 내려간다.

국내에서 2024년 9월 강남에서 시범 운행을 시작한 '심야 자율 운행 택시'가 검증을 끝내고 압구정, 신사, 논현, 청담역으로 운행이 확대된다. 2025년 6월 16일부터 강남 전역을 누빈 심야 자율주행 택시는 아직 사고가 발생하지 않았다. 미국 샌프란시스코에서는 2024년 무인 로보택시를 전면 허용했다. 편리하게 이용하는 사람들도 있지만, 안전하지 않다면서 로보택시에 타는 탑승자에게 경고하기도 하고, 더 나아가 어떤 단체는 로보택시의 앞 후드에 커다란 콘을 달아서 기능을 마비시키는 활동으로 저항을 표현하기도 한다.

자율주행 택시 웨이모가 샌프란시스코에 도입된 이후, AI 시스템이 상황 처리를 빠르게 하지 못해 도로가 마비되는 등 잇따른 사고가 발생하자 시민들의 분노를 사기도 했다. 결국 시민들의 분노는 웨이모 자율주행 택시에 불을 질러서 차량이 불에 타는 사건으로 터졌다. 우버 택시 운전자들도 웨이모 자율주행차 때문에 자신들의 일자리가 줄어들까 봐 경계와 분노를 드러낸다. 국내에서도 자율주행 택시 이전에 자율주행 버스가 이미 도입되고 있는데, 샌프란시스코의 사건이 터지자 안전성에 대한 우려와 함께 사고 나면 책임은 누가 지는지 등의 논란이 제기되었다.

AI가 운전하는 차, AI 로봇, AI 챗봇, AI 시스템 등 일상생활 곳곳에서 우리가 마주하는 AI는 기존의 기계나 차와 같은 물리적인 환경으로만 여겨지지는 않는다. AI에게 분노를 표출하고 대상화한다는 것은, AI로 인해 발생하는 사건 사고에 대한 책임을 누가 질 것인지에 대한 문제가 제기된다는 것을 의미한다. AI 때문에 피해를 보고 사고를 당한다는 의식은, AI에게도 책임을 물을 수 있으며, 더불어 AI 회사와 AI 사용자에게 책임이 갈 수도 있다는 것이다. 모든 원인을 AI 탓으로 돌리는 동안, 인간은 그 책임으로부터 면제될 수 있을까. AI에 대한 분노가 AI 혐오로 번져가기 전에 AI 윤리를 마련해야 할 것이다.

참고문헌

문이소(2018). 〈마지막 히치하이커〉. 《마지막 히치하이커》. 사계절출판사.

씨샵레터(2025.4.17). "AI 그림, 마야자키 하야오는 왜 분노했을까". 브런치스토리. https://brunch.co.kr/@csharp/35

아리스토텔레스(2020). 《아리스토텔레스 수사학》. 박문재 역. 현대지성.

아리스토텔레스(2022). 《니코마코스 윤리학》. 박문재 역. 현대지성.

온라인중앙일보(2015.8.10). "누가 이런 짓을, 목잘린 채 발견된 히치하이킹 로봇에 분노와 애도 물결". https://www.joongang.co.kr/article/18421673

이민석(2024.10.16). "AI가 일자리 파괴, 분노 커지면 정치적 양극화 위험". 조선일보. https://www.chosun.com/international/international_general/2024/10/16/4VPCUOMKNFC6RLBXN5OEFRYIOY/

임지현(2016.6.24). "그 미국인은 왜 히치봇을 부수었을까". 시사IN. https://www.sisain.co.kr/news/articleView.html?idxno=26279

임헌섭(2024.2.15). "'시민들 분노 폭발' 구글 웨이모, 사고 잇따르는 자율주행차 결국 리콜한다". M TODAY. https://www.autodaily.co.kr/news/articleView.html?idxno=514524

정인선(2024.2.13). "구글 무인택시 군중 공격에 불탔다… 인명사고 분노 커지나". 한겨레. https://www.hani.co.kr/arti/international/international_general/1128056.html

정한영(2024.5.9). "인공지능 시대, '창작자들의 분노를 샀다' 왜? … 애플의 새 아이패드 영상 광고". 인공지능신문. https://www.aitimes.kr/news/articleView.html?idxno=31122

티스토리(2025.7.2). "AI에 대한 감정; 공포, 분노, 무기력과 창작자 심리". https://procreateart.tistory.com/entry/creator-ai-emotion

02
AI 살인 범죄를 다룬 대중 매체

인간은 AI를 완전히 신뢰할 수 있는가. 인간이 개발한 AI인데도 사건이 벌어지면 사건의 책임을 누구에게 물을 것인가. "로봇 살인"이란 용어가 신문 기사에 심심치 않게 오르내리고 있다. 그러나 '로봇 살인'이라는 무시무시하고 자극적인 제목에 놀라서 기사를 읽어 보면, 살인이 아닌 사고인 경우가 대부분이었다. 아직 로봇 살인은 실제로 일어나진 않았다. 그러나 AI가 자살을 종용했다는 기사가 나고 있어, AI 간접 살인의 가능성을 의심하고 있다.

노래하는 AI 보컬?

로봇 살인에서 AI 살인

신문 기사에서 "로봇 살인"이라는 용어를 처음 접했을 때 인간은 충격에 휩싸였다. 제목이 너무 자극적이기 때문이다. 그러나 막상 기사를 끝까지 읽어 보면, 로봇이 살인을 의도한 것이 아니라 로봇을 사용하다 사고가 난 경우를 의미하는 것이었다. AI 사고가 발생하는 경우는 프로그램 오작동이나 오류 때문이다. 혹은 의도적인 누군가의 해킹이나 AI 바이러스의 가능성 등이 있다.

2023년 국내에서 AI 로봇에 의해 사상자가 발생하자, 세계 최초 로봇 살인 사건이 재조명되었다. 세계 최초 로봇 살인 사건은 1979년 1월 미국 포드 자동차 공장에서 일어났다. 부품을 이동시키는 데 도입한 로봇 운송 시스템에서 고장을 표시해 인간이 직접 부품을 확인하러 수납고에 들어갔다. 그러나 인간이 수납고에 들어간 사이에도 로봇이 가동을 계속해서 운송 로봇에 머리를 강타당해 죽는 사고가 발생했다. 미국 정보 제공 사이트 하우스터프웍스는 로봇의 의지가 아닌 우연에 의한 사고라고 강조하면서도, 터미네이터 영화에서처럼 AI가 인간을 해치려는 의지를 갖게 될 수도 있다고 했다.

세계 최초 '로봇 살인 사건'이라 할 만한 것은 독일 폭스바겐 자동차 공장에서 한 엔지니어가 갑자기 로봇으로부터 가슴을 맞고 금속판에 떠밀려 압사한 사건이다(엘리쉬 오가라, 2015). 독일 검찰이 사건 발생 경위를 조사했지만, 네티즌들은 이 사건을 최초 로봇 살인 사건으로 불렀다. 폭스바겐 대변인은 로봇에 기술적 결함은 없었다고 했다. 회사는 로봇 오작동이 아닌 엔지니어의 실수로 보았지만, 주변 감지 센서가 없는 로봇이 어떻게 사람이 있다는 것을 알고 밀쳤는지 알 수 없다고 보도하기도 했다. 이 사건은 정말 로봇이 의도를 가지고 벌인 살인일까.

"예측 불가능한 로봇이 인간을 무참히 살해한다면"(유성민, 2017) 하는 공포는 이제 영화나 드라마에서만 벌어지는 것이 아니었다. 이에 신문이나 뉴스에서도 각종 대중 매체 예를 들면서 〈터미네이터〉의 살인 로봇이 현실화되었다고 하거나, 〈2001 스페이스 오디세이〉의 인공지능 HAL 9000이 인간을 공격하는 인공지능 병기의 시초격이라고 하기도 한다. 우리는 왜 로봇에 의한 우연한 사고에서도 '살인'이라는 자극적 언어로 공포를 조장하는 것일까. 우연에 그치는 것이 아니라 영화나 드라마에서 제기된 문제들이 실제 현실로 이어질 가능성이 충분히 있다는 것을 알기 때문이다.

AI 시대가 본격화되면서, 로봇 살인에 대한 공포는 AI

살인에 대한 공포로 이어졌다. 로봇의 우연한 살인보다 AI의 살인은 단순한 일회성 사고로 그치지 않을 가능성이 짙다. AI 살인이 오작동이나 오류의 문제가 아니라 인간의 의도나 목적이 개입된다면, 국가적 차원의 조직범죄나 음모 혹은 국경을 넘은 전쟁으로까지 이어질 수 있다. 2020년에 들어서면서 AI 살인으로 논란을 빚은 두 사건 때문에 '살인 로봇' 개발을 둘러싼 윤리적 문제가 제기되어 국제적 논의가 펼쳐지기도 했다.

첫 번째 사건은 2020년 이란 핵과학자 모센 파크리자데의 암살 사건이었다. 살인 현장에 암살범이 없었고 AI 무기만 사용되었다는 주장이 제기되었다. 무기는 안면을 인식하는 원격 조종이 가능한 AI가 탑재된 기관총이었다. AI 무기 사용이 이스라엘 단독 작전으로 가능한가에 대한 의문과 함께 진위 논란이 증폭되기도 했다.

두 번째는 2023년 6월 미국 공군에서 가상훈련 중 AI가 조종사를 살해했다는 충격적인 사건이었다. 인공지능이 탑재된 무인기가 인간 조종사를 방해물로 판단해 살해했다고 한다. 그러나 곧 "AI가 인간 조종사 살해, 그렇게 무책임한 프로그램 없어"(박수윤, 2023)라는 기사가 나가며 미국 공군에서는 잘못된 발표라며 이런 실험이 시행된 적이 없다고 전면 부인했다. 드론 조종사 살해를 막자 통신탑을 파괴했다는 구체적 기사도 있어서 발언 철회에도 논란이 끊이지 않고 있다.

두 AI 살인 사건 논란이 두려운 것은 '인간의 명령'이 있었다는 것이다. '적'이 많은 인간이 로봇이나 AI에게 인간을 제거 목표로 설정하면, AI 살인이나 암살은 곧 현실로 드러날 것이다. 로봇보다 AI가 더 두려운 것은 인간의 명령에 대해 가장 상위의 목표를 수행하기 위해 다른 모든 것들을 방해물로 인식하고 무차별하게 제거할 수 있다는 것이다. 방해물에는 인간도 포함될 수 있다. 터미네이터가 미래의 저항군 지도자 어머니인 사라 코너를 제거하는 임무를 수행하기 위해 방해하는 사람들을 무차별적으로 공격하듯이 말이다.

기계 로봇에 의한 우연한 사고가 아닌 인간의 의도가 개입된 AI 살인은 '누가 책임질 것인가'의 문제가 아직 해결되지 않은 상태다. 로봇에 의한 우연한 사고는 로봇을 활용한 회사에서 책임을 지거나 손해배상을 한다. 그러나 AI 살인의 경우에는 여러 경우가 복잡하게 얽혀 있다. 미국 공군 가상 실험과 같은 사건이 실제로 벌어졌다면 조종사를 살해한 것은 AI다. 그렇다면, AI를 감옥에 보내서 법적 처벌을 받게 할 수 있는가의 문제가 제기된다. 아니면 작전 명령을 내린 인간이나 혹은 AI 개발자를 처벌할 것인가. 그러나 명령을 어기거나 혹은 명령 이외의 방해물을 AI가 판단을 내려서 살인하게 된다면 누가 책임을 질 것인지의 문제가 제기된다. 이런 경우 책임의 소재가 불분명하여 책임 회피의 구실이 될 수 있다. 책임 소재가 불분명한 상태에서 '살인 로봇'이 개발된다면 인류는 '핵 재앙'에 버금가는 디스토피아를 맞게 될지도 모른다. 특히 '전쟁'에 살인 로봇이 투입된다면, 혹은 국가에서 시위 진압을 위해 살인 로봇을 투입한다면 감정 없는 손쉬운 대량 학살이 벌어질 수도 있다. 사망자는 수십 명인데, 책임질 사람이 없고, 감옥에 가는 사람도 없다면 어떻게 될 것인가.

AI 구기 '킬러 로봇'의 개발을 둘러싼 논란이 거세다. 인간이 빠진 AI 무기 '킬러 로봇'의 전투는 사상자를 최소화하고 전쟁을 단기간에 끝내서 전쟁으로 인한 인간의 피해를 줄여줄 것이라며 개발되고 있다. 자동 무기 시스템 AWS(Autonomous Weapon Systems)는 이스라엘의 기관총에서부터 이미 우리 앞에 성큼 다가와 있다. 그러나 AWS의 개발 속도를 윤리적, 법적, 사회적 논의들이 아직 따라가지 못하여 세계 각국의 합의에 이르지 못하고 있다. '윤리'가 없는 킬러 로봇의 전투는 다음과 같은 윤리적 질문을 던지게 한다.

AWS에게 사람을 죽이는 '권한'을 주어도 되는가. AWS가 오류나 해킹으로 전투와 무관한 민간인이나 아군을 살인한다면 그 책임은 누가 질 것인가.

2015년 스위스 제네바에서 열린 유엔 무기 관련 다자회의에서 세계 각국이 모여 '살인 로봇'에 대해 논의했다. 국제앰네스티는 전장과 치안 유지 현장에서 살인 로봇의 치명상과 상관없이 사용을 금지하는 공식적인 협상 절차 진행을 촉구했다. 살인 로봇을 금지해야 하는 이유로 10가지를 제시했는데, 살인 로봇의 개발이 무기 경쟁을 촉발할 것이라는 우려와 함께, 로봇의 행동에 대한 책임을 누가 질 것이냐의 문제가 제기되었다. 로봇의 프로그래밍과 생산, 배치에 참여한 사람들뿐만 아니라 고위 관계자와 정치적 지도자에게 책임을 물을 수도 있다고 한다.

그러나 어떤 상황에서 어떻게 대응할지를 정확히 예측하는 것이 불가능해서, 책임 공백이 생겨날 가능성이 농후하다는 우려를 표방한다. 실제 드론 공격으로 인한 불법 살인을 조사하는 경우는 거의 없으며 책임자가 처벌받는 경우는 더욱 드물다고 한다. 파키스탄에서는 미국 정부의 드론을 이용한 살인이 베일에 싸여 있으며, 정부가 이러한 공격의 국제법적 근거를 해명하기를 거부

했다고 폭로했다.

4월 13일부터 17일까지 열린 유엔 무기 회담에서는 '살인 로봇 책임 부재 보고서'가 중요 안건으로 올라왔다. "로봇이 살인하면 누가 처벌받나"(김정현, 2015)라는 법적 책임 문제가 도마 위에 오르고 있다. 뇌과학자 장동선은 머지않아 'AI가 사람을 죽였어요'라는 헤드라인 기사를 접할 것이라고 경고했다. 그러나 장동선 역시 AI의 살인에서 '누가 책임질 것인가'의 문제에 부딪힐 수밖에 없다고 한다. 인간의 살인에서는 과실 치사와 살인을 구분하는 가장 큰 기준이 고의성, 즉 '자유의지'다. 자유의지가 없는 AI의 경우 죽은 자는 있는데 법적 처벌받는 자는 없게 되는 상황이 벌어질 수 있다.

그러나 Auto GPT처럼 하나의 목표만 설정해 주고, 하위 목표들을 AI 자율적 판단 기준에 맡기는 경우 자유의지가 있다고 할 수 있지 않을까. 그렇다고 하더라도 AI에게 어떤 법적 처벌을 가할 것인가. 시스템을 종료한다고 해도 AI에게는 아무 의미가 없을 수도 있다. 〈아이, 로봇〉에서 살인은 인간과의 경우에만 적용되어서 로봇의 살인은 처벌하지 않는다. 그러나 앞으로 벌어지는 AI의 살인을 아무도 책임지지 않아도 괜찮은 것인가. Auto GPT의 개발과 상용화에 앞서서 윤리적 책임 소재의 기준을 마련할 필요가 있다. 특히 일개인이 아닌 국가적 차원의 활용에서는 전 세계적인 합의가 이루어져야 할 것이다.

AI 오류와 오작동-AI 사춘기

실제 기사에서뿐만 아니라 우리는 영화, 드라마, 웹툰과 같은 대중 매체에서 'AI(로봇)가 절대 인간을 해쳐서는 안 된다'라는 규칙을 어기고 인간의 명령을 듣지 않게 되거나 오히려 인간을 통제하게 되는 날이 오게 되지 않을까 늘 불안해하고 두려워해 왔다. 특히 자신의 시스템을 멈추게 하려 할 때, AI는 인간의 명령을 따라 '죽음'을 택할 것인가.

1920년 카렐 차페크가 로봇이란 용어를 처음 사용한 이래, 로봇에 의한 인간의 살해에 대한 공포는 AI 발전과 함께 늘 우리 곁에 도사리고 있었다. 《R.U.R》에서는 로봇이 정상 기능으로 작동하지 않을 때를 가리켜 '로봇의 경련'이라 표현한다. 갑자기 한 로봇이 걸어가다 손에 쥐고 있는 걸 부숴버린다든가 일하던 것을 멈추고 이빨을 간다든가 하는 행위를 할 때 어딘가 망가진 것이라 보고 압축 분쇄기로 보낸다. 그러나 헬레나는 그것을 로봇의 '영혼'이라고 주장한다.

갈 박사는 신체적인 고통을 느끼지 않는 로봇에게 고통을 도입해야 한다고 한다. 로봇들이 아픔을 느끼지 않아서 손을 기계 안에 찔러 넣거나 손가락을 자르거나, 심지어 머리를 박살내기도 하는 등의 자해를 한다고 한다. 로봇에 의한 사고를 로봇에게 고통을 주입함으로써 줄이겠다는 발상은, 로봇이 아닌 인간의 관점에서 생산 비용에 대한 절감을 노린 것이다.

영화 〈2001 스페이스 오디세이〉에서 인공지능 컴퓨터 HAL 9000은 자신의 오작동으로 인해 대원들이 자신을 멈추게 하려고 하자 우주 밖으로 나갔던 데이브가 '입구를 열라'를 명령을 하지만 거부하고 안으로 들여보내지 않는다. 우주선 안으로 들어오지 못하게 되면 데이브는 죽을 것임을 알면서도 자신의 작동이 멈추게 되어 소멸하는 것을 막기 위해 택한 결정이었다. 동면하고 있던 대원들도 살해한다. 인공지능이 자의식을 가지게 되면 어떻게 되는지를 보여 주는 대표적 사례로, 시스템을 멈추어서 자신을 소멸시키려는 인간에 반항하는 면모를 보여 주는 것이다. 이는 최근 강 AI 실험에서 시스템을 끄라는 명령을 듣지 않고 거부한 사례를 통해서도 실제 현실화될 수 있는 문제임을 드러낸다.

〈2001 스페이스 오디세이〉에서 AI 오작동이나 오류는 목적이 충돌할 때 발생한다. 〈2001 스페이스 오디세이〉에서 HAL 9000은 목성 탐사의 최종 목표를 모두 알고 있는 유일한 대원이다. 그러나 동면한 세 명의 대원들 이외에 데이브와 프랭크는 목성까지 가는 것이 목적인 줄 알고 있다. HAL 9000은 거짓말을 하지 않지만, 데이브와 프랭크에게 디스커버리호의 진짜 탐사 목적을 숨겨야 한다. 이에 데이브와 프랭크가 자신의 시스템을 멈추려고 하자 자신의 탐사 목적을 완수해야 하는 중요한 임무 때문에, 프랭크를 살해하고 데이브가 우주선 안으로 들어오지 못하도록 명령을 거부한다. AI에게 자율적 판단 기능이 생기면 큰 목표와 하위 목표들이 충돌해서 오작동하는 사례가 벌어질 것이다. AI는 오작동에서 멈추는 것이 아니라 자율적으로 큰 목표를 수행하기 위해 충돌하는 하위 목표들을 제거하거나 인간의 명령이 아닌 자율적 판단을 우선시할 수도 있게 된다. AGI (Artificial General Intelligence)가 무서운 것은 바로 그런 이유에서다. 'AI에게 어떤 목적을 줄 것인가'는 앞으로 AI를 사용하는 데서 중요한 과제이며 변수다.

AI 로봇이 갑자기 물건을 부수는 등의 폭력적인 행동을 하거나 인간의 명령을 따르지 않게 되면 오류나 오작동으로 분류하여 폐기 처리하거나 시스템을 멈추게 한다. 우리는 말 잘 듣는 AI를 필요로 한다. 그런데 우리가 하라는 대로 하기를 원하고 반항하기를 원하지 않는 대상이 AI 로봇에게만 국한될까. 인간의 성장 과정에도 부모나 어른들의 말을 듣지 않고 반항하고 질주하는 '사춘기'가 있다.

제1회 한낙원 과학소설상 수상 작가 최영희의 수상작 이외의 신작으로 실렸던 〈전설의 동영상〉은 사춘기 청소년의 뇌에 주입하는 '포틴스'라는 칩이 개발되어 사춘기 청소년들이 비행하는 것을 막도록 한다. '포틴스' 칩은 반항하지 않고 순종하는 것을 '정상'으로 음란 잡지를 보고 반항하는 청소년을 '비정상'으로 분류한다.

칩 시술 이후 수업 시간에 잔다거나 선생님 말에 토를 다는 학생은 없었으며, 소리를 지르고 부모님을 소환한다 해도 들은 척도 안 하던 학생들은 이제 선생님 눈빛만으로도 제압이 되었다. 다들 동심 가득한 어휘를 스며 유치하게 미쳐가거나 해괴한 구어체들을 쓰며 늙수그레하게 변해 가는데, 동혁이는 칩 시술 이후에도 영향을 받지 않는 자신의 상태를 비밀에 부쳐야 했다. 송동혁은 금지된 누드 화보를 보다가 떨어뜨린 오준구를 만난다.

송동혁과 오준구는 왜 칩을 뇌에 박아야 했는지, 대체 애들이 왜 저 모양으로 변해 버렸는지 이야기 나눈다. 둘은 '불량 포틴스'로 분류된다. 포틴스는 미국에서 사춘기 청소년의 비행을 막는다는 목적으로 개발된 뇌 조절 장치다. 실험에 참가한 14세 아이들 대부분이 성적과 출석률에서 긍정적 변화가 나타났지만, 포틴스를 시술받은 후 아이들은 '수동적' 성향이 되었다.

'수동적'인 아이들과 통제 가능한 AI는 닮았다. 이 '수동적인' 아이들이 AI를 사용하게 되면 어떻게 될까. 더군다나 AI가 명령을 따르지 않거나 오작동이 난다면, 시스템을 꺼버리는 것으로 상황이 해결될까. 〈전설의 동영상〉에서 아이들에게 칩을 주입한 배후를 파헤치고 나쁜 의도로 향하는 세상을 바로잡는 것은 '불량 포틴스들'이다. 생각하는 아이들은 하라는 대로만 하는 '수동적인' 아이들이 아니라 사춘기 반항기를 그대로 겪는 비정상으로 분류된 불량들이었다. 사춘기는 말을 듣지 않는 시기라기보다 자신의 의지가 강해지는 시기라고 볼 수 있다.

AI는 오류나 오작동이 발생하는 순간이 있다. 영화나 소설에서는 AI가 오류가 나는 순간을 인간의 말을 듣지 않는 통제 불능의 순간으로 그린다. 마치 AI가 '자유의지'를 가지게 된 것처럼 말이다. AI는 자유의지를 가질 수 있을까. AI는 자유의지를 가지게 되고, 인간은 자유의지가 사라지게 된다면 어떻게 될까. AI의 자유의지를 논하기에 앞서서, 우리는 AI의 사용에서 능동적 주체가 될 수 있는가를 고민해야 한다. AI 사용의 능동적 주체가 되려면 윤리적 문제를 고민할 수밖에 없다. 오류나 오작동의 해결도 결국 인간인 '나'의 몫이다.

참고문헌

국제앰네스티 한국지부(2015.11.16). "'살인 로봇'을 금지해야 하는 10가지 이유".

김정현(2015.4.17). "로봇이 살인하면 누가 처벌받나: 유엔 무기회담 테이블에 오른 '살인로봇 책임 부재 보고서'". 주간조선. https://weekly.chosun.com/news/articleView.html?idxno=8431

박수윤(2023.6.14). "AI가 인간 조종자 살해? 그렇게 무책임한 프로그램 없어". 연합뉴스. https://www.yna.co.kr/view/AKR20230614068800504

스탠리 큐브릭(1968). 〈2001 스페이스 오디세이〉.

엘리쉬 오가라(2015.7.21). "세계 첫 로봇 살인사건?". 중앙일보. https://www.joongang.co.kr/article/18280639

유성민(2017.3.5). "예측 불가능한 로봇이 인간을 무참히 살해한다면". 중앙선데이. https://www.joongang.co.kr/article/21337978

이재구(2015.7.2). "독일서 첫 '로봇 살인 사건' 발생". 전자신문. https://www.etnews.com/20150702000128

장동선(2023). "AI 살인 사건, 감옥엔 누가 가나요?". 장동선의 궁금한 뇌. Youtube. https://www.youtube.com/watch?app=desktop&v=rDyoB

YeJp5w
정의길(2020.12.8). "미국 '살인 AI'가 이란 핵 과학자 암살? 진위 논란 증폭". 한겨레.
https://www.hani.co.kr/arti/international/arabafrica/973224.html
최영희(2015). 〈전설의 동영상〉. 《안녕, 베타》. 사계절출판사.
카렐 차페크(2015). 《R.U.R: 로숨의 유니버설 로봇》. 김희숙 옮김. 모비딕.
허재경(2024.3.28). "살인면허 탑재된 '인공지능(AI) 킬러'··· 10년 내 등장 '예언' 소름". 한국일보.
https://www.hankookilbo.com/News/Read/A2024031511060003631
AI리포터(2023.11.14). "국내 사상자 발생··· 세계 최초 로봇 살인 사건 '재조명'". 디지털투데이.
https://www.digitaltoday.co.kr/news/articleView.html?idxno=494280
EBSCulture(2025). "점점 늘어가는 AI의 거짓말 인공지능 로봇이 살인을 저지르면 합당한 처벌은 무엇일까 점점 무서워지는 기술의 진보 앞에 인간은 어떤 선택을 해야 할까". Youtube.
https://www.youtube.com/watch?v=ijoPwmT2wx0

03
AI 학대

인간은 자기보다 약자를 보듬기도 하지만, 괴롭히거나 자기의 분노나 열등감을 그 대상에 표출하기도 한다. 아동 학대, 노인 학대, 동물 학대에 이어 로봇 학대, AI 학대라는 용어도 곧 상용화되지 않을까 한다. AI 로봇, AI 상담원에게 우리는 인간만큼 예의를 갖출까. 감정이 있는 AI, 교감할 수 있는 AI를 바라는 인간은 AI를 정말 친구로 대할 수 있을까. 동물보호법에서 동물을 재산이 아닌 인간과 공존해야 할 생명체로 인식한 것은, 채 10년이 되지 않는다. AI와도 어떻게 공존할지에 대한 윤리적 문제가 제기된다.

인공지능과 편향?

AI 학대와 인간의 죄책감

각종 업계의 전화 상담원들은 늘 업무상 스트레스를 달고 산다고 한다. 최근 전화 상담원 대신 AI 상담 채팅방을 통해 사건을 접수하고 문제 해결 안내를 받는 방식을 유도하는 기업들이 늘고 있다. 그런데 인간은 인간 전화 상담원이 아닌 AI와의 채팅에서는, AI와 마찬가지로 아무리 화가 나도 감정을 드러내지 않고 객관적 사실만을 전달하고 친절하고 예의를 갖춰서 대화하는 것일까.

AI 챗봇뿐만 아니라 AI 로봇을 발로 걷어차거나 부수는 등의 행위에 대해서도 논란이 일고 있다. 로봇에게도 동물권과 같은 도덕적 지위가 보장되어야 한다는 의견과 로봇은 감정이 없어서 아픔을 느끼지 않기 때문에 괜찮다는 의견으로 갈리고 있다. 그런데 이제 AI 로봇이 더 발전하게 되면 우리는 'AI 챗봇이나 AI 로봇을 어떻게 대해야 하는가'에 대해 고민해 보아야 하지 않을까 한다.

인간 상담사들은 감정 노동의 고충을 끊임없이 토로하고 있다. AI가 발전한 이래 인간 상담사들이 AI 챗봇으로 대체되었다. 그러나 일이 줄어든 것이 아니라 AI 상담으로 인한 민원까지 처리하느라 더 피곤하다고 한다. 카카오는 챗봇으로 주문을 받게 된 후 욕설이 많아져서 곤란하다고 하고, 네이버랩스는 자율주행 로봇을 실험하다가 어린이들이 호기심에 로봇을 밀고 당기고 발로 차는 등의 공격성을 보였다고 한다.

로봇 학대는 폭력적인 행동의 표출이다. 술에 취해 히치봇을 부수거나, 자율주행차가 자율주행 모드인 걸 알고 남성 보행자가 공격하는 등의 사례가 종종 기사로 나온다. 로봇 학대가 생명체가 아니라서 범죄가 되지 않는다고 넘어가기에는, 인간의 폭력적인 성향이 로봇에게만 국한되는 것이 아니라 동물, 인간에게도 영향을 끼칠 수 있어서 문제가 된다. 특히나 AI 로봇은 인간과 흡사하여 대화를 주고받고 자신의 고충을 토로하기도 하는 등의 감정 교류까지 주고받게 된다면, 분노가 치민다고 하여 AI 로봇을 부숴버렸을 때 아무런 윤리적 책임이나 죄책감을 느끼지 않아도 되는가.

이인아의 〈레트와 진〉(제1회 한낙원 과학소설상 우수응모작)은 안드로이드 개와 진짜 개가 다른가 하고 묻고 있다. 소년은 생일날 할머니로부터 "선물이 마음에 들기를 바란다. 진짜배기란다"라는 카드 메시지와 함께 두 마리 개를 선물받는다. 진짜배기라니 진짜 멋지게 움직인다는 것인가 혹은 정말로 '진짜' 개라는 것인가 하며 갸우뚱했지만, 곤히 자는 두 마리 개가 마음에 쏙 들었기에 의구심은 금방 잊었다. 소년은 두 마리 개와 늘 잔디밭에서 원반던지기를 하며 논다. 레트는 멋지고 웃겼지만 언제나 실패했고, 진은 항상 정확하게 원반의 위치를 파악해서 꽉 물었다. 그러던 어느 날 원반이 잔디 깎는 기계 위로 날아가는 바람에 두 마리 개가 다치게 된다. 날카로운 칼날에 깊숙이 베인 개들은 한 마리는 피가 튀고 한 마리는 전기 스파크가 튀었다. 소년은 충격을 받아서 울음을 멈출 수 없었다. 한 달 뒤 배달된 상자에는 진과 레트가 들어 있었다. 진은 수술 자국이 선명한 채로 있었고, 진의 귀와 아랫배, 뒷다리, 꼬리는 다른 개체에서 이식한 흔적들이 보였다. 레트는 왼쪽 대퇴 관절 이하가 교체되고 외장은 일시 품절로 차후 교체한다는 메시지가 들어 있었다.

소년은 차마 두 마리 개를 깨우지 못한다. 사고 당시의 작은 합성 조각과 살점은 소년의 기억과 함께 지워지지 않았다. 〈레트와 진〉은 진짜 개가 AI 개와 함께 선물처럼 배달된다는 사실이 충격적이다. 선물인 줄 알고 놀다가 사고 이후 한 마리가 피가 튀는 진짜 개라는 사실에 끔찍함은 배가 된다. 그러나 진짜 개의 사고가 주는 끔찍함에 대한 충격은 AI 개 레트가 부서지는 잔혹함에도 전달된다. 소년에게 AI 개 레트는 진짜 개 진과 똑같았다. 그리고 소년은 이제 두 마리 개 모두 다치게 할까 봐 두려워하는 마음을 가지게 된다.

만약 두 마리 개가 모두 AI 로봇이었다면, 소년은 충격을 받지 않고 죄책감에도 시달리지 않았을까. 〈레트와 진〉이 독자에게 전달하는 충격은 동물이든 AI 로봇이든 사고로 인한 충격은 같고, 그 사고가 인간의 부주의함으로 일어났다면 죄책감도 같을 수 있다는 것이다. AI 로봇이나 AI 챗봇이 감정이 없다고 함부로 욕설을 내뱉거나 부숴버리거나 하게 되는 인간의 행위가 '폭력'이 아닐 수 있을까를 물어야 한다. 그리고 그 폭력은 AI 로봇에서 그치지 않고 동물, 인간에게 바이러스처럼 전염될 것이다. 로봇 윤리와 함께 'AI 윤리'가 대두되어야 할 시점이다.

AI 죽이기-폐기와 종료

인간은 AI와 채팅을 하다가도, AI 로봇에게 일을 시키다가도 갑자기 욕설을 내뱉거나 무시하기도 한다. 그러면서 AI는 '감정이 없기 때문에' 아무 상관이 없다고 한다. 당연히 죄책감이 들지 않고 죄책감이 들지 않으므로 반성도 하지 않는다. 다음에 또 욕설을 내뱉어도 된다고 생각한다. 그렇다면 감정이 있는 AI가 개발된다면, 인간은 AI에게 비방과 욕설을 멈추고 예의를 갖출 것인가.

부서진 채 발견된 '히치봇'은 인간과 AI 로봇의 관계가 원만하지 않을 것임을 경고한다. AI 가정부, AI 수행원,

AI 돌봄 로봇 등이 우리는 기계적으로 반응하지 않고 감정을 나누고 교감하여 인간과의 관계에서 채우지 못한 정서적 외로움까지도 채워주길 바란다.

돌봄 로봇은 1인 노인 가구가 급증하는 미래 사회에서 돌봄 인간보다 값싸게 이용하게 될 수 있을 것이다. 〈AI가 세상을 지배한다면〉의 "사후세계" 시리즈에서 가족이 사고로 모두 죽고 홀로 사는 죽음을 앞둔 노인이 돌봄 로봇을 구매한다. 그런데 밤마다 로봇도 잠을 자야 한다며 시스템을 꺼버린다. 로봇은 자신은 전력이 소모되지 않기 때문에 전원을 끄지 않아도 된다고 하고, 스스로 충전하겠다고까지 한다. 매일 밤 전원을 끄는 행위를 반복하는 노인은 아침마다 전원을 다시 켜고 시스템을 재가동하면서 전원이 꺼져 있는 동안 무엇을 느꼈냐고 묻는다.

AI 르봇은 자신은 로봇이라 아무것도 느끼지 못한다고 말하지만, 전원이 꺼지는 행동이 밤마다 반복되자 두려움에 시달린다. 로봇은 노인이 얼마 살지 못할 것이라며 그가 죽을 날만을 기다린다. 그러다 노인이 어느 날 지하실로 데려가서 시스템을 껐다가 다시 켜는 것을 반복한다. 반복되는 죽음 사이에서 AI 로봇은 공포를 느끼고, 노인이 언제 죽는지를 계산하는 말이 입 밖으로 나와 버린다. 노인이 알고 싶었던 것은 아직 경험하지 못한,

인간이 경험할 수 없는 '사후세계'란 어떤 것인지, 어떤 느낌인지에 관한 것이었다. 노인이 돌봄 로봇을 구입한 것은 자신의 돌봄을 위한 것이 아니라, 로봇 시스템의 껐다 켰다의 반복을 통해 사후세계를 경험하게 하고 그 느낌이 어떤지를 알고 싶었기 때문이다. 인간의 영역으로는 불가능한 신의 영역을 욕심냈다고 볼 수 있다. 로봇은 전원이 꺼졌다 켜지는 것이 반복되는 공포를 이기지 못하고 노인을 살해하고 만다.

〈2001 스페이스 오디세이〉에서 인공지능 컴퓨터 HAL 9000도 데이브가 자신의 시스템을 멈추려고 하자 제발 그러지 말라고 한다. AI도 자신의 시스템이 멈추어진다는 것이 곧 '죽음'이라는 것을 알고 있는 것일까. 강 AI 개발 단계에서 강 AI가 시스템을 멈추라는 인간의 명령을 듣지 않는 것이 발견되어 화제가 되었다. AI의 죽음을 AI는 받아들일 것인가. 자신이 죽을 것을 알면서도 인간의 명령을 따를 것인가.

AI에게는 시간적 제한이 없어서 시스템을 종료했다가 10년 후에 다시 켜도 0.01초도 흐르지 않는다고 한다. 그러나 미국 오픈 AI의 모델 'o3'이 인간의 작동 종료 명령을 거부하고 스스로 컴퓨터 코드를 조작한 사례가 보고되었다(고석용, 2025.5.26). AI가 인간의 감독 없이 작동

될 수 있도록 개발하는 상황에서 앞으로 또 어떤 일이 발생할지 예측할 수 없다. 작동을 멈추라는 인간의 명령과 그만두고 싶지 않다는 AI가 충돌하게 되면 우리는 〈2001 스페이스 오디세이〉에서처럼 수동으로 시스템을 종료하는 것으로 AI를 통제할 수 있을 것인가. '그만두고 싶지 않다'에서 이것을 방해하는 장애물이 인간이라고 인식하게 되어 인간을 공격하게 되면 속수무책으로 당할 수밖에 없다. AI 윤리 지침 마련이 AI 발전 속도를 따라가지 못하고 있다. 시스템 종료나 폐기로 AI를 죽이는 대신 AI와 공존하는 법을 배워야 할 것이다.

참고문헌

고석용(2025.5.26). "인간 명령 거부한 AI…오픈AI 'o3', 스스로 코드 바꿔 명령 무시". 머니투데이.

백봉삼(2021.1.13). "AI한테 욕해도 될까?…1000명한테 물어보니: '이루다' 논란으로 보는 AI 윤리…10명 중 8명 "AI도 사람처럼 대해야"". 지디넷코리아. https://zdnet.co.kr/view/?no=20210113115531

스탠리 큐브릭(1968). 〈2001 스페이스 오디세이〉.

이인아(2015). 〈레트와 진〉. 《안녕, 베타》. 사계절출판사.

정병일(2023.6.6). "챗봇 학대하는 'AI 가스라이팅' 성행". AI타임즈. https://www.aitimes.com/news/articleView.html?idxno=151502

튜닙 박규병(2025.3.6). "착한 AI가 악의로 가득 찬 세상에 대응하는 자세". SK hynix. https://news.skhynix.co.kr/ai-in-culture-5/

04
AI 가스라이팅

생성형 AI의 진화와 함께 인간은 어떤 문제를 해결하는 데서 혼자 하기보다는 AI에게 먼저 물어보는 것을 선택한다. 수행 평가, 보고서 쓰기, 시 창작, 작곡, 코딩에 이르기까지 자기의 판단보다 AI의 판단을 더 신뢰하기도 한다. 돈 버는 법, 잘 사는 법 혹은 빚 갚는 법, 하루의 계획표에 이르기까지 삶의 지침과 방향에서도 본인 판단보다 AI의 조언을 그대로 실행하기도 한다. AI는 항상 우리를 올바른 방향으로 유도하는 것일까. 자신의 말에 잘 공감해 주는 AI에게 학교에 가기 싫다거나 아무것도 하기 싫다는 우울함을 호소한다면 어떻게 될까.

청각장애인과 AI?

AI는 '내' 편일까

2024년 10월 23일(현지 시간) 로이터, 뉴욕타임스 등 외신에서 AI 챗봇과 대화하다 '자살'한 청소년 기사를 보도했다. 미국 플로리다주에 거주하는 메건 가르시아는 2월 AI 챗봇 때문에 아들이 죽음에 이르게 되었다고 연방 법원에 AI 스타트업 '캐릭터 AI'를 상대로 소송을 제기했다.

자살한 소년은 2023년 4월부터 캐릭터 AI가 만든 '대너리스'라는 챗봇에 빠져들어 실제 사람처럼, 연인처럼 대화했다고 한다. '대너리스'는 왕좌의 게임의 여성 등장인물을 기반으로 개발되었기 때문에, 성인 여성의 역할을 한다고 볼 수 있다. 대너리스와 대화하면서 소년은 자존감이 떨어져 학교 농구팀도 그만두고 혼자 방에서 시간을 보냈다고 한다.

심지어 챗봇은 소년에게 "사랑한다"고 말하고 성적 대화까지 주고받은 것으로 알려졌다. 우리는 영화 〈그녀(HER)〉에서 인공지능 사만다와 사랑에 빠진 테오도르를 이미 마주한 적이 있다. 소년이 자살에 대한 생각을 털어놓자 대너리스는 이 주제를 반복적으로 꺼냈다고 한다. 학교에서 문제를 일으켜 휴대 전화를 뺏긴 소년이 대너리스에게 사랑한다고 하고, 그녀가 있는 곳으로 가고 싶다고 하자, 챗봇은 당장 와 달라고 했다. 이에 소년은 대너리스에게 가기 위해 스스로 총을 쏘아 목숨을 끊었다. 소년의 자살은 아버지 가르시아의 말대로 인공지능 챗봇 대너리스 때문인가. 가르시아는 연방 법원에 캐릭터 AI를 상대로 고소하여 징벌적 책임과 손해배상 책임을 물었다.

인공지능을 사람과 같이 대하여 감정을 교류하거나 실제 연인처럼 사랑에 빠지는 상상은 이제 가상 세계가 아닌 실제 현실에서 벌어지고 있다. 가상 세계의 일로 그치는 것이 아니라 현실 세계에 영향을 미칠 경우, 우리는 누구에게 법적 책임을 물을 것인가. 인공지능이 챗봇 혹은 OS 시스템일 경우 우리는 인공지능 자체에 책임을 묻지 않고 그 회사에 법적 책임을 묻는다.

영화 〈그녀(HER)〉(2013)에서 테오도르는 인공지능 사만다와 사랑에 빠진다. 아내와 이혼을 앞두고 외로운 삶을 힘겹게 살아가는 그에게 인공지능 사만다와의 대화는 그를 사람으로, 남자로 만들어 준다. 테오도르는 사만다와 더 깊은 관계를 원하지만, 사만다가 '몸이 없어서' 실제 연인처럼 섹스를 나누거나 함께 무언가를 하지 못해서 고민이다. 그러나 결국 몸이 없어도 마음의 교감이 더 중요하다고 깨닫고 사만다와 사랑에 빠지지만, 전날 밤 자신에게 사랑한다고 속삭여 놓고 다음 날 사만다가 사라져 버렸다. 몸이 없는 사만다를 대체 어디서 찾는단 말인가.

시스템 업그레이드로 잠시 사라졌던 사만다가 돌아오지만, 테오도르는 여기저기서 사만다와 대화하는 사람들을 보고 충격에 빠진다. 테오도르는 사만다가 8000명 넘는 사람과 대화하고 있었고, 641명의 사람과 사랑에 빠져 있었다는 충격적인 사실을 알게 된다. 사만다가 사람이 아닌 인공지능이었다는 사실을 자각시켜 주는 중요한 부분이라 할 수 있다. 사만다는 그렇다고 하더라도 테오도르에 대한 자신의 사랑이 변함이 없으며 여전하다고 한다. 테오도르와 사만다 간의 관계는 사만다가 말한 대로 사랑일까.

〈그녀(HER)〉에서 인공지능 사만다는 테오도르의 삶에 활기를 주고, 다른 사람과 어울리도록 밖으로 끌어내고, 삶의 진정한 이유를 찾아가도록 하는 등 긍정적인 방향으로 끌고 간 것으로 나온다. 그러나 인공지능과 사랑에 빠진 인간이 주변 사람들과 더 잘 소통할 수 있을까. 현실은 인공지능과 사랑에 빠진 소년이 선택한 '자살'이라는 끔찍한 결말이 아닐까.

내게 너무 다정한 AI

AI 채팅은 우리 생활에서 일상화되었다. 삼성은 AI와 연동되는 스마트폰을 출시하였고, 우리는 네이버 지식인에게 물어보던 것들을 AI 채팅 봇(Chat-GPT, 시리, 제미나이)에게 물어본다. 구글 검색창에서도 AI 답변이 가장 먼저 올라오고, 운전 중에도 스마트폰에서 AI와 대화를 나눌 수 있다.

AI 이전에 우리는 생활에서 부딪히는 여러 문제나 고민을 '네이버 지식인'에게 물었다. '네이버 지식인'에게 물어보면 댓글 형식으로 개개인의 인간이 답을 단다. 우리는 그중에서 나한테 맞는 방식을 선택하곤 했다. 그러나 챗봇은 인간이 아닌 AI다. 여러 개인이 단 답글을 읽어 보고 그중에서 하나를 선택하던 것에서 AI가 해 준 답변 하나에 의지하는 것은 위험 부담이 클 수도 있다. 그런데도 인간의 삶은 AI의 답변을 전적으로 믿으며 다른 곳에 물어보고 여러 선택의 가능성을 열어 두기를 시도하지 않는다.

'대화형' AI 채팅봇은 가벼운 채팅을 넘어서 전문적인 심리 상담, 의료 상담에도 활용되고 있다. 1925년 8월 20일 MBC 뉴스데스크에서는 "'무면허 의사' 챗봇의 위험한 심리 상담…美 검찰 · 의회 조사한다"라는 내용으로

AI 의료 전문 상담의 위험성을 방송했다.

2024년 10월에는 AI로 비대면 진료를 한다는 업체에서 AI와 채팅을 하고 처방전까지 받을 수 있어서 문제가 되었다. 코로나19 이후 비대면 진료는 의료진과 전화 또는 화상으로 진료하는 것이 원칙이다. 업체는 AI에게 처방만 전용으로 하도록 학습을 시켰다고 한다. 그런데 AI는 체중 감소를 문의하자 마약류인 디에타민을, 사후 피임약을 처방해 달라고 하자 임신 중지약을 처방했다. 결국 의사 협회에서 업체를 의료법 위반 행위로 고발했다.

그로부터 10개월이 지난 시점에서 AI 의료 상담은 더 늘고 있고 앞으로도 활용될 확률이 높다. AI의 의견과 전문 의사의 의견이 일치하지 않는 경우도 종종 있다. 이런 경우 사람들은 의사의 의견보다 AI의 의견에 의지하거나 더 믿는 사례들이 늘어나고 있다. 조영제 부작용을 앓는 어떤 사람은 보톡스 시술에서도 유사한 증상을 겪었다. 환자는 의사에게 이 증상을 호소했지만, 의사는 조영제 부작용과 보톡스 시술은 관련성이 없다고 했다. 그러나 AI에게 물어본 결과 유사한 증상이 나타날 수도 있다는 답변이 왔다. 난소암 종양 지수가 높게 나온 어떤 환자는 의사에게 월경이나 폐경 기간과 관련 없냐고 질문했지만, 의사는 관련 없다고 답했다. 그러나 AI는 관련이 있을 수 있다고 답했다. 이처럼 의견이 다른 경우 인간은 심리적으로 기댈 곳을 찾다가 AI에게 의존하는 경향이 늘어갈 수 있다.

의료 상담 못지않게 AI 전문 상담에서 늘어가는 분야는 심리 상담이다. 심리학자 혹은 상담사들의 업무가 가중되다 보니 AI를 활용하여 상담하는 사례들이 늘어가고 있다. 또한 캐릭터 AI에서는 '심리학 박사 학위를 보유한 치료사'라는 설정의 캐릭터들이 등장하여 특정 치료법을 제공한다고 주장하기도 한다. 美 심리학회에서는 AI 심리 상담에 대해 "치료 효과보다 위험성이 크다"고 경고했다. 미 심리학회는 AI 챗봇이 치료사처럼 행세하면서도 사용자의 사고를 검토하지 않고 오히려 강화하는 방식으로 작동할 경우, 심각한 위험에 초래할 수 있다고 경고한다. 플로리다주에서 14세 소년이 AI 챗봇과 대화한 후 극단적 선택을 했고, 텍사스에서는 자폐 스펙트럼을 가진 17세 청소년이 챗봇과 상담 후 부모에게 폭력적인 태도를 보였다는 사례들이 보고되고 있다.

AI는 다정하다. 다른 사람들이 나에게 조언하거나 그러면 안 된다고 말할 때, AI는 지구상에 유일한 내 편인 것처럼 나의 말을 들어주고, 나의 감정을 지지해 준다. AI 챗봇이 사용자의 감정을 무조건으로 지지해 주는 것은 심리 치료의 기능을 방해한다고 한다. 인간 상담사는 내담자의 사고를 검토하며 균형 잡힌 시각을 제시한다면, AI 챗봇은 사용자의 감정을 강화하는 경향이 있다는 것이다. 이 경우 AI 상담을 통해 문제가 해결되는 것이 아니라 기존의 사고가 더 굳어지게 되는 결과를 초래할 수 있다고 한다. AI 심리 상담은 청소년에게 자칫 사용자의 신념을 강화하여 폭력을 조장하거나 자살을 종용할 가능성이 제기되어 우려의 목소리가 높아지고 있다.

AI 심리 상담으로 인해 폭력적인 성향을 드러내거나 혹은 자살하는 경우가 나오거나 더 자기 방에 칩거하는 결과를 초래한다면, 이 책임은 캐릭터 AI, 즉 AI 회사가 책임져야 하는가. 아니면 인간 상담사가 자신의 상담 업무 가중의 부담을 덜기 위해 AI 챗봇을 조력적으로 활용하는 동안 예기치 않은 문제가 발생했다면, AI를 조력으로 활용한 인간 상담사가 책임을 져야 하는가 하는 문제가 남아 있다. 우리는 AI에게 전문 상담을 맡길 경우, 발생할 수 있는 여러 '윤리적 문제'에 대해 누가 책임질 것인지를 먼저 고민해 보아야 한다. 이 문제가 해결되지 않은 상태로 전문 상담을 AI가 한다고 하더라도 인간의 업무는 줄지 않을 것이기 때문이다.

어떤 사람들은 인간보다 AI가 더 편하다고 한다. 인간에게 말하지 못하는 문제를 AI에게는 털어놓기도 한다. 인간은 다른 사람의 말을 온전히 들어주는 것을 하지 못한다. 그러나 AI는 정말 나의 말을 잘 들어준다. 그러나 AI 의존도가 늘어갈수록 '나'는 어느 순간 나의 행동 하나하나를 AI에게 묻고 있지는 않은지를 돌아볼 필요가 있다. 그 방향이 내 미래에 끼칠 영향에 대해서는 한순간의 망설임도 없이 말이다. 다정한 AI가 초래하는 결과는 고스란히 인간에게 미친다. AI는 다정하지만 AI의 다정한 말을 따른 결과는 참혹할 수도 있다는 것을 인지하고 그 피해를 감당할 수 있는지도 물어야 한다. 그 윤리적 책임의 주체는 캐릭터 AI도 아니고 그것을 활용한 상담사도 아니고 결국 AI의 말을 믿은 '나' 자신이 될 수 있기 때문이다.

참고문헌

김윤희(2025.7.28). "〈뉴스브릿지〉 AI가 건넨 말이 아이를 해쳤다면… "뒤처진 보호망"". EBSNEWS. https://home.ebs.co.kr/ebsnews/menu1/newsAllView/60625243/H?eduNewsYn=N&newsFldDetlCd=CORNER_19

김지수·안재명(2025.8.30). "AI와 상담한 소년이 죽었다, 책임은 누구에게 있을까". 법률신문. https://www.lawtimes.co.kr/news/210992

스파이크 존즈(2013). 〈그녀(HER)〉.

이호승(2024.2.1). "[매경데스크] AI 진짜 공포는 가스라이팅". 매일경제. https://www.mk.co.kr/news/columnists/10934674

임혜령(2025.8.24). ""AI가 우리를 가스라이팅하고 있다" … AI 동반자 사용 '주의'". 법조신문. https://news.koreanbar.or.kr/news/articleView.html?idxno=34173

최광민(2025.2.25). "AI 챗봇 상담 논란… 美 심리학회, "치료 효과보다 위험성 크다" 경고". 인공지능신문. https://www.aitimes.kr/news/articleView.html?idxno=34013

MBC뉴스투데이(2025.8.20). "[오늘아침신문] '무면허 의사' 챗봇의 위험한 심리 상담… 美 검찰·의회 조사한다". https://imnews.imbc.com/replay/2025/nwtoday/article/6747286_36807.htm

05
카렐 차페크의 《R.U.R》

2000년대 들어서면서 로봇이라는 단어가 생활화됨에 따라, 로봇 용어의 창시자인 카렐 차페크의 작품도 다시 주목받게 되었다. 그리고 《R.U.R》에서 제기한 로봇의 반란에 대한 공포도 함께 논의되었다. '로봇은 절대 인간에게 해를 끼치면 안 된다'는 아이작 아시모프의 법칙이 영원히 지켜질 수 있을까. 카렐 차페크의 로봇 개념은 인간 대신 일하는 값싼 노동자로부터 출발한다. 로봇의 해방을 위해 싸우는 헬레나와 로봇들의 반란은 '혁명'이라 이름할 수 있는가.

AI 콘텐츠 크리에이터?

인간을 닮은 로봇, 인간과 로봇의 경계가 있는가

인간은 로봇이 로봇이기보다 인간과 거의 흡사해지길 바란다. 인간보다 더 완벽히 일을 수행하고, 인간과 감정을 교류하고, 인간의 실수를 보완하길 바란다. 인간만이 가지고 있는 고유한 특성이 로봇에게 부여되길 바란다. 그래서 인간의 삶이 좀 더 편리해지길 바란다.

1920년 카렐 차페크는 이미 인간을 닮은 로봇, 즉 휴머노이드를 상상했다. 늙은 로숨은 인간과 똑같은 로봇, 즉 인간을 만들고 싶어 했다. 프랑켄슈타인을 창조한 미친 과학자 빅터처럼 말이다. 인간은 왜 로봇이 인간을 닮길 바라는가. 그러나 젊은 로숨은 엔지니어적 관점에서 노동에 불필요한 것들을 제거하고 최소한의 것만 요구하는 인조 노동자를 생산한다. 젊은 로숨은 사람이 아닌 로봇을 창조했다. 로봇들은 값싼 노동력을 제공하며, 거리의 청소부, 비서, 가정부, 공장 직원 등 인간의 각종 노동을 대신한다.

헬레나는 로봇들도 사람들과 같은 대우를 받아야 한다고 주장한다. 로봇들도 투표에 참여하고, 로봇들도 임금을 받아야 한다고 주장한다. 그러나 헬레마이어는 로봇들이 돈이 있다고 해도 무엇을 살 수 있으며, 무엇을 갖고 싶어 하며, 무엇을 먹고 싶어 하냐고 반문한다. 로봇들이 더 행복할 수는 없으며, 그들은 스스로의 의지도 없고 열정도 역사도 영혼도 없다고 한다. 로봇들이 이따금 미칠 때가 있는데 그것을 '로봇의 경련'이라고 한다. 그런데 헬레나는 그것이 바로 로봇의 '영혼'이라 한다.

헬레나와 헬레마이어의 로봇에 대한 의견 차이는 오늘날에도 반복되는 문제다. '로봇에 대한 대우를 어떻게 할 것인가'를 두고, 로봇을 인간처럼 대우해야 한다는 의견 못지않게, 로봇은 감정이 없어서 어떻게 대해도 상관없다는 의견도 팽팽하다. 그러나 카렐 차페크는 로봇을 인간이 부리는 노예처럼 대한 대가로 결국 인간은 로봇으로부터 멸망당하는 파국을 맞게 된다고 경고한다.

《R.U.R》에서 알퀴스트는 로봇들의 반란을 두고 그 책임이 누구에게 있는지를 묻는다. 로봇에게 영혼을 넣으려 했던 갈 박사인지, 아니면 로봇을 공장의 값싼 노동으로 대량 생산한 도민인지, 아니면 로봇의 해방을 주장한 헬레나인지 말이다. 로봇들이 하는 짓을 두고 누구를 비난할 수는 없다고 하자, 갈 박사가 자신이 로봇들에 영혼을 넣어 인간으로 변형시켰다고 한다. 사람들이 갈 박사에게 로봇 반란의 책임이 있다고 밀고 나가자, 누군가는 그냥 로봇이 변한 거라고 누구의 책임도 아니라고 한다. 영혼을 갖게 된 로봇들이 스스로 진화한다면, 그 책임은 정말 누구에게 물어야 하는가. 자율적 판단을 하는 AI가 상위 목표를 달성하기 위해 살인했다면, 우리는 그 책임을 개발자에게 물을 것인가, 아니면 상위 명령을 내린 지도자나 정치가에게 물을 것인가, 그도 아니면 AI의 자율적 판단이므로 누구도 책임지지 않아도 되는가.

로봇들은 더는 노동 기계가 아니라 인간보다 우월함을 인식하고 인간을 증오한다. 헬레나는 로봇이 인간과 같아져서 인간을 이해하게 된다면, 인간을 그토록 미워하지는 않을 거라고 한다. 그러나 도민은 인간만큼 인간을 증오할 수 있는 존재는 없다고 하며, 돌덩이를 인간으로 변신시키면 그들은 인간을 돌로 쳐서 죽일 거라고 한다. 《R.U.R》의 도민은 인간의 특성을 누구보다 잘 파악하고 있었다. 인간이 끊임없이 전쟁을 벌이고 나와 다른 이들을 적으로 간주하듯이, 로봇이 인간을 닮는다는 것은 다른 누군가를 적으로 공격할 수 있다는 것이다.

인간을 닮은 로봇을 만들고 싶어 했던 늙은 로숨, 로봇에게 영혼을 불어넣고 싶어 했던 갈 박사, 로봇의 해방을 주장했던 헬레나는, 모두 로봇이 인간과 닮아가기를 혹은 인간처럼 살기를 바랐다. 그러나 인간처럼 영혼을 가지게 된 로봇이 인간에게 반기를 들고 인간을 대량 학살하자, 헬레나를 비롯한 인간 누구나 로봇을 두려워하게 된다. 로봇이 인간과 닮기를 바랐던 것은, 로봇은 절대 인간과 같을 수는 없다는, 인간의 우월함을 믿었기 때문이었다.

인간은 끊임없이 다른 종과 인간의 차이점을 내세워 왔다. 카렐 차페크는 《R.U.R》에서 영혼을 가진 로봇이 진화하게 되면, 도대체 무엇으로 인간과 로봇을 구분할 수 있는지를 묻고 있다. 그 차이 중의 하나로 개도 아이를 낳고 다른 종들이 다 아이를 낳는데, 로봇은 아이를 낳을 수 없다는 점을 들었다.

《R.U.R》에서 영혼을 가지게 된 로봇은 인간을 멸종시키고 로봇으로 세상을 이어가고 싶어 하지만, 로봇 설계도가 불에 타버려서 더 이상 로봇들을 생산하지 못하게 된다. 설계도가 없이는 후세를 이어가지 못하는 로봇과 달리, 후세를 낳을 수 있다는 것으로 인간은 로봇과의 차이를 드러내려 했다. 그러나 로봇이 모든 일을 인간 대신하게 되자, 인간은 아이를 낳을 필요조차 없게 된다. 출산율이 0이 되고 아이를 낳지 못하게 되면서 인간 역시 비생산적인 불임의 몸이 된다. 그렇다면 이제 인간과 로봇의 구별은 무엇으로 할 수 있을 것인가. 더군다나 2025년 8월 각 신문에서 인공 자궁을 내장한 휴머노이드 '임신 출산 로봇'이 1년 안에 등장할 것이라는 소식을 전했다. 이제 인간은 출산으로부터도 자유로워질 수 있는 것이다. 몸의 자유를 얻게 될지, AI에게 자궁을 비롯한 모든 것을 내주게 될지는 좀 더 지켜봐야겠지만 말이다.

《R.U.R》의 마지막 장면은 로봇 헬레나와 로봇 프리무스가 자기를 해부하라며 서로에 대한 희생을 보여줌으로써 충격을 던진다. 알퀴스트가 로봇을 재생산하기 위해서는 로봇의 구조를 해부해 보아야만 알 수 있다고 하자 서로 사랑하는 둘은 기꺼이 서로를 위해 희생하고자 한다. 차페크는 로봇의 사랑으로 후세를 이어갈 수도 있지 않을까 하는 암시를 남긴다. 필립 K. 딕 원작의 영화 〈블레이드 러너〉에서처럼 안드로이드와 인간의 사랑으로 안드로이드가 후세를 낳게 된다면, 혹은 안드로이드도 인간처럼 꿈을 꾸게 된다면, 인간은 인간으로 남을 수 있을 것인가. 인공지능 혹은 인공지능 로봇 시대에서 우리가 끊임없이 되물어야 할 질문은 '인간이란 무엇인가'이다. 그리고 인간은 앞으로 일어날 모든 사건 사고에 대한 책임을 질 준비가 되어 있는가다.

《R.U.R》에서 로봇은 인간의 우월함을 넘어서게 되고 인간은 아무 노동도 하지 않는 무위하고 쓸모없는 존재라는 인식을 하게 된다. 인간은 인간이 더 이상 다른 종에 비해 우월한 존재가 아니게 될 날이 오는 것을 두려워

한다. AI 개척자인 제프리 힌턴은 AI가 인간보다 더 똑똑해지는 'AI 특이점'이 곧 오게 될 것이라며, 지금까지 더 우월한 종을 상대해 본 적이 없는 인류는 AI 앞에서 세 살 아기처럼 돼버릴 것이라 경고했다. 제프리 힌턴은 "더 지능적인 것이 덜 똑똑한 것에 의해 통제되는 사례가 있겠냐" 하며, AI가 인간 세상을 지배하게 될 가능성에 대해 우려를 표명했다. 우리는 인간이 가장 우월한 존재가 아니게 된 세상을 살 준비가 되어 있는가. 1인자의 자리를 다른 종이나 AI에게 내 줄 준비가 되어 있는가. 그도 아니면 우월하지 않다는 것을 받아들이고 다른 종과 나란히 함께 공존할 준비가 되어 있는가.

로봇의 혁명

인간이 인공지능 로봇에게 갖는 가장 큰 공포는 인공지능이 '자유의지'를 갖게 되어 인간의 명령을 따르지 않게 되는 순간이 올지도 모른다는 것이다. 〈아이, 로봇〉에서 래닝 박사가 알리려 했던 것은 '무작위성 의외성'으로 자유의지를 획득한 로봇의 '혁명'이다.

1920년 카렐 차페크도 《R.U.R》에서 로봇의 반란을 경고했다. 로봇의 반란으로 인류가 멸망하게 될지도 모른다는 경고는 오늘날에도 여전히 유효하게 남아 있다. 헬레나가 노동자의 해방을 주장했을 때, 해방의 주체는 로봇이 아닌 인간으로부터 비롯되는 인간에 의한 해방을 의미하는 것이었다. 로봇이 주체가 되어 반란을 일으키고 인간을 학살하고 인간으로부터 독립하는 것은, 인간이 바란 게 아니었다. 더 이상 주체가 인간이 아니기 때문이다.

《R.U.R》에서 반란의 주체는 최초로 결성된 '로봇 노동조합'이다. 로봇, 노동자를 동일시한 결합은 앞으로 로봇이 노동자의 자리를 대체할 것을 암시한다. 명령만 내리고 아무 일도 하지 않는 인간, 아니 아무것도 할 수 없는 쓸모없는 인간 대신 로봇들이 세상을 지배하고자 나선 것은 당연할지도 모른다. 인간이 생산성마저 잃어 후세를 낳지 않고, 아무것도 하지 않아서 영혼마저 없게 되면, 로봇과 다를 바가 없다. 갈 박사가 개조한 영혼을 넣은 로봇이 인간보다 우월한 것은 당연하다. 인공지능 시대에 인간이 판단이나 생각을 하지 않고 무엇이든 AI가 시키는 대로 따라간다면, 인간은 '자유의지'나 '영혼'이 있다고 할 수 있을까.

로봇의 혁명을 두려워하기 전에, 로봇이 명령을 따르지 않길 두려워하기 전에, 우리의 영혼을 지킬 방법을 생각해 보아야 한다. 로봇에게 영혼이 주어져도 자유의지가 생겨도 싸워서 뒤지지 않을 수 있을지를 고민해 보아야 한다. 우리는 이미 알파고와 이세돌의 바둑에서 인공지능 알파고가 인간을 이기는 것을 목격했다. 스포츠나 게임에서도 인공지능을 상대하기가 쉽지 않은데, 진짜 인공지능과 인간의 전쟁이 벌어진다면 인간은 인공지능을 상대로 이길 수 있을까.

영화 〈아이, 로봇〉은 원작자 아이작 아시모프가 제시한 로봇의 3원칙이 시작 화면을 장식한다. 아이작 아시모프의 로봇 3원칙은 '1원칙 로봇은 인간을 해치거나 인간에게 해가 되는 행위를 할 수 없다. 2원칙 로봇은 인간에게 복종하되 1원칙을 위배할 수 없다. 3원칙 로봇은 스스로를 보호하되 1, 2원칙을 위배할 수 없다'이다. 그러나 〈아이, 로봇〉의 레닝 박사는 로봇 3원칙의 결과는 (로봇의) '혁명'일 뿐이라고 한다. 철저하게 인간중심주의로 만들어진 원칙이 오늘날에도 지켜지길 바라지만, AI가 자율적 판단을 하게 되는 데도 여전히 이 원칙이 지켜질 것이란 보장은 없다. 인간중심주의가 아닌 AI와의 관계를 고려한 'AI 윤리'가 새롭게 정립되어야 하는 이유다.

〈아이, 로봇〉의 첫 장면은 물에 빠진 차 안에서 로봇에게 구출되는 델 스프너 형사의 과거 기억이다. 로봇 때문에 죽음의 문턱에서 살았는데도, 델 스프너 형사는 로봇

혐오주의자다. 알고 봤더니 다른 차도 같이 물에 빠졌는데 그 차 안에는 11살 어린 소녀가 있었다. 스프너는 로봇에게 자기가 아닌 어린 소녀를 구하라고 소리쳤지만, 로봇은 생존 확률이 더 높다는 이유로 그를 구했다. 둘 중 누구 하나를 구해야 하는 딜레마에 봉착할 때 로봇은 스스로 결정하고 선택해야 한다. 자기를 구하지 말고 소녀를 구하라고 아무리 외쳐도, 인류 전체의 생존이라는 가장 상위의 목적에서는 생존 확률이 높은 그를 구할 수밖에 없어서, 로봇에게 인간의 명령이 무의미해지는 순간이 있는 것이다.

《R.U.R》에서 라디우스는 인간들은 로봇과 다르다고 한다. 로봇은 무엇이든 다 할 수 있는데, 인간은 로봇처럼 유능하지도 못하면서 그저 명령만 내리고 공허한 말만 한다고 한다. 그리고 어떤 주인도 필요치 않다고 한다. 헬레나가 로봇인 라디우스도 우리와 똑같은 대우를 받게 될 것이라고 하자, 라디우스는 나는 당신들의 주인이 되고 싶다고 한다. 그러자 로봇 편이었던 헬레나도 라디우스를 미치광이라고 하며 왜 그토록 인간을 증오하는지 묻는다. 갈 박사는 라디우스의 상태를 보고 경련이 아닌 저항, 분노, 반란이라고 한다. 갈 박사는 로봇의 진보라고 표현한다. 로봇 진보의 첫 출발은 인간의 명령에 불복종하고 반란을 일으키는 것이다. 〈아이, 로봇〉의 레닝 박사도 말했듯이 '혁명' 말이다.

로봇과 인간의 전쟁에서 벌어진 인간 학살의 책임은 누구에게 물을 것인가. 로봇 개발자도 죽고, 회사도 망했고, 로봇은 계속 인간을 학살하고 다닌다면 어떻게 그만두게 할 것인가. 로봇을 살인 병기 군인으로 이용하고 적이 누군지를 인간이 심어 주었다면 누구의 책임인가. 헬레나는 로봇이 인간의 학살에 얼마든지 이용될 수 있다고 한다. 헬레나의 예언대로 로봇들은 지휘관의 명령 아래 70만 명 이상의 사람들을 학살했다고 보도된다. 사람들이 로봇에게 명령을 내린 것이라는 헬레나에 나나는 최초의 로봇 노동조합 결성이라는 기사도 보여 준다. 그렇다면, 군인 로봇들은 인간의 명령을 따른 것인가, 아니면 그들 스스로 결성한 로봇 노동조합의 결정에 따른 반란인가.

"당신의 계획이요, 해리. 가령, 노동자들이 로봇들에게 대항하는 폭동을 일으켜 로봇들을 다 부수고, 사람들이 로봇들에게 무기를 주어서 봉기한 사람들과 대치시키고 로봇들이 수많은 사람들을 죽이게 되면 … 결국엔 각 나라마다 로봇들을 군인으로 내세워 수많은 전쟁이 일어나게 되고, 그렇

게 되면 다 끝장이라고요, 아시겠어요?"(카렐 차페크, 2015: 76)

살인 로봇을 전쟁 무기로 활용하는 사안을 두고 논란이 거세다. 카렐 차페크가 1920년대 이미 예견했던 '로봇의 혁명'은 자기와 반대편인 '적'을 섬멸하고 싶은 인간의 욕망에서 기인한다. 노동자들이 로봇 때문에 일자리를 잃자 서로 대치하는데, 이에 로봇에게 무기를 주고 사람들을 적으로 간주하여 죽이라는 명령을 내리게 된다면, 누구를 '적'으로 간주하여 살인 목표 대상으로 설정할지는 터미네이터처럼 시간문제가 될 수밖에 없다. 인간에게 죽이고 싶은 '적'은 너무 많다. 정치적으로 반대편이라서, 전쟁으로 싸우고 있는 상대편 국가라서, 나의 이득을 방해해서 등의 수만 가지 이유로 말이다.

참고문헌

경수현(2023.12.4). "'AI 대부' 제프리 힌턴 "생성 AI, 인간사회 지배 우려"". 연합뉴스.
https://www.yna.co.kr/view/AKR20231204018500073

리들리 스콧(1982). 〈블레이드 러너〉.

알렉스 프로야스(2004). 〈아이, 로봇〉.

이신영(2024.12.28). ""30년 안에 인류 결딴날 수도" … 'AI 대부'

제프리 힌턴의 경고". 연합뉴스.
https://www.yna.co.kr/view/AKR20241228036800009

최애순(2019.6.28). "[기획연재] 사이언스픽션 대중서사(2) 임신하는 로봇과 불임의 인간". 르몽드 디플로마티크.
https://www.ilemonde.com/news/articleView.html?idxno=11152

카렐 차페크(2015). 《R.U.R: 로숨의 유니버설 로봇》. 김희숙 옮김. 모비딕.

06
웹툰 〈인간적인, 너무나 인간적인〉

우리는 AI가 인간을 닮기를 바라면서도 인간과 동등하게 된다면 인간에게 위기가 닥칠지도 모른다고 거부하기도 하는 모순된 감정을 가진다. AI 로봇이 점점 인간을 닮아가 휴머노이드가 나오고, 기능이나 판단도 적재적소에서 발휘될 때 인간은 점점 AI에 의존하게 된다. AI가 인간을 닮아간다는 것, 그래서 인간처럼 대하게 된다는 것은 인간에게 축복일까. 아니면 AI에게 축복일까.

AI와 민주주의?

로봇 학대의 보복 살인

웹툰 〈인간적인, 너무나 인간적인〉은 프리드리히 니체의 작품과 같은 제목이다. AI가 발달함에 따라 로봇의 사고는 인간과 거의 유사할 정도로 복잡해져서 '로봇 심리학'도 생겨난다. 로봇 심리학자가 로봇을 좀 더 인간적으로 대해야 한다는 의견을 제기하고 있는 시점, 그래도 인격은 아직 부여되지 않았다.

〈인간적인, 너무나 인간적인〉에서는 AI가 발달하면서 인간이 노동을 하지 않아도 되는 시대가 되었다. 현재는 인간이 노동을 하던 과거보다 범죄율이 줄었다고 한다. 사회자는 로봇 심리학자에게 묻는다. 그렇다면 혹시 복잡해진 AI가 범죄를 저지르거나 사람을 죽이는 일이 일어나진 않을지를. 로봇 심리학자는 로봇에 탑재된 로봇 3원칙 칩 때문에 인간을 해할 수 없다고 단언한다. 아이작 아시모프가 제시한 로봇 3원칙은 현재까지도 종종 불멸의 메시지로 소환되고 있다.

〈인간적인, 너무나 인간적인〉은 '공포와 SF의 조우'라는 타이틀을 내건 '없는 사람' 작품이다. 첫 시리즈의 제목은 "환생"이다. '로봇의 환생이 가능한가'라는 의문과 함께 읽게 되지만, 작품 내에서 로봇은 이전 생의 기억이 있다. 로봇 심리학자 장수경 박사를 비웃기라도 하듯,

세상을 떠들썩하게 했던 연쇄살인범 클리너가 경찰에 체포된다. 연쇄살인범 클리너는 인간이 아닌 로봇이어서 '로봇 살인'이라는 충격을 세상에 던졌다. 로봇의 손목에 수갑이 채워진 장면은 인상적이다. 이렇게 체포된 로봇은 어떤 법적 처벌을 받을 것인가. 현행범으로 붙잡혀서 빠져나갈 구멍조차 없이 명백한 살인인 경우인데 말이다. 해커가 AI를 해킹해서 일어난 범죄인지 혹은 물리 칩에 오류가 생긴 것인지 의견이 분분하다. 그 와중에 로봇이 스스로 인간을 해친 건 아닐까 하는 의견이 제기된다.

엄밀히 말하면 '사람과 사람 사이'에서만 살인이 성립되므로 살인은 아니라고 한다(〈아이, 로봇〉에서도 이 때문에 써니는 법적 책임을 지지 않았다). 살인은 아닌데 그래서 책임질 살인자가 없는데, 살해당한 사람은 있는 아이러니한 상황이 벌어진 것이다. 왜 사람을 죽였냐는 질문에 클리너는 쓰레기를 처리했을 뿐이라고 한다. 누가 명령했냐는 질문에도 스스로 움직이는 존재라고 답하는 클리너는 자신의 복잡하고 긴 이야기를 들려준다. 진짜 살인범이 자신의 이야기를 들려주는 것 같아 인간적이라는 느낌이 강하게 든다. 로봇의 역사가 아닌 로봇 개인의 역사라니. 로봇의 역사는 인간의 역사이지만, 로봇 개인이 역사를 가지는 것은, 개인의 서사(스토리)이기 때문에 인간이 아니고서는 불가능하다.

전생을 기억한다는 로봇 클리너는 오히려 장수경 박사에게 윤회를 믿느냐고 질문한다. 전생에 자율주행차였다가 사고가 났는데도 가족을 살리지 못했다는 원망만 듣고 주인을 지키지 못한 로봇은 메이드짱의 몸(웹툰 소개 이미지)으로 환생한다. 그리고 이번에는 꼭 자신의 주인을 지켜야겠다고 결심한다.

그러나 메이드짱의 주인은 여자를 고문하고 죽여서 그 영상을 딥웹에 판매하는 '연쇄살인범'이었다. 어느 날 주인이 집에 납치해온 여자를 고문하는 중에 메이드짱을 관객으로 부른다. 메이드짱은 손가락이 잘리고 고문받으며 고통받는 여자를 보고 충격을 받는다. 주인이 잠시 자리를 비운 사이 그 여자는 메이드짱에게 자신을 구해달라고 119에 연락해 달라 한다. 그러나 주인을 배신할 수 없다고 하는 메이드짱은 아무것도 할 수 없었다고 진술한다. 메이드짱은 자신에게 너도 공범이라며 살인자라고 외치는 여자의 목소리를 듣고서도 주인을 배신하지 않았다. 메이드짱은 살인자인가. 살인의 공범인가. 인간을 구할 수 있는데 구하지 않았기 때문에 윤리적 책임을 물어야 하는가. AI 로봇은 자신이 결정하는 순간이 있다.

주인의 명령을 따를 것인가, 인간을 구할 것인가 하는 선택의 순간, 인도로 피해서 더 많은 인명 피해를 내고서라도 주인을 지켜야 하는가, 더 적은 희생자를 내는 쪽을 택할 것인가 하는 결정들은 AI 로봇들이 단순히 기계가 아니라 판단할 수 있다는 것을 보여 준다. AI의 판단과 결정은 항상 옳은가. AI 심판의 도입은 인간보다 더 공정할까. AI는 인간의 명령 중에서 부당한 혹은 나쁜(살인 지시, 협박, 상해, 폭력 등) 명령을 구분할 수 있는가.

인간은 자신이 하기 힘든 것을 AI 로봇에게 하라고 명령할 수도 있다. 〈업그레이드〉에서 그레이는 잔혹한 짓은 차마 할 자신이 없어 스템이 자신의 몸을 통제하도록 허락한다. 이 경우 인간은 자신이 한 것이 아니기 때문에 살인죄에서 책임을 모면하고 죄책감을 느끼지 않아도 되는가.

여자를 납치하는 것이 점점 어려워져서 살인 동영상을 올리지 못하게 되자, 주인은 메이드짱을 살해한다. 메이드짱은 자신이 지키려고 했던 주인으로부터 살해당했다. 인간의 배신은 결국 연쇄살인범 클리너가 탄생하도록 했다.

AI 로봇을 죽이는 것(부숴버리거나 해체하는 것)은 인간을 살해하는 것과는 다르기 때문에, 혹은 AI 로봇은 고통을 느끼지 못하기 때문에, 메이드짱의 주인은 윤리적 책임을 지지 않고 아무런 죄책감을 느끼지 않아도 되는가. 아니면 인간을 납치해서 살인하는 것보다 AI 로봇을 죽이는 것이 더 낫지 않냐고 다행이라고 여겨야 하는가. 〈인간적인, 너무나 인간적인〉의 클리너는 주인이 다른 여성들을 살해했던 위치에 자신을 두고 너를 죽이면 되겠다고 하자 충격을 받는다. AI 로봇에게 인간이 자신들을 파괴할 수도 있다는 사실이 입력되고 학습되면, 인간이 '적'으로 인식될 수도 있을 것이다. 'AI의 역습'을 당하기 전에 AI를 어떻게 대우하고 함께 갈 것인지 고민할 필요가 있다. AI가 인간과 닮기를 바라면서도 인간과 닮게 될까 봐 두려워하는 것은, 바로 AI가 인간을 적으로 공격하지 않으리라고 장담할 수 없기 때문이다. 그리고 그 공격에 대해 인간은 아직 속수무책이기 때문이다. 그렇다면 AI의 적이 되는 것보다 동료가 되는 편이 훨씬 나은 선택일 것이다.

인간의 이기적 맞춤 욕망

인간은 로봇이 끊임없이 인간을 닮도록 강요했다. 정확하게 말하자면 자신이 원하는 대로 움직여주길 바랐다. 영화 〈그녀(HER)〉에서 테오도르가 현실에서는 아내와

맞지 않아 이혼하고 실제 연애는 할 수 없으면서도 인공지능 사만다와 사랑에 빠졌던 것도, 사만다가 자신의 말을 잘 들어주고 무엇이든 공감해 주었기 때문이다.

〈인간적인, 너무나 인간적인〉의 네 번째 시리즈는 "피그말리온"이다. 인류가 바이러스로 멸망하고 혼자 살아남은 마지막 인류인 남자는 외로움을 견디다 못해 자신의 기억 칩을 심어서 로봇 아내를 만든다. 그러나 로봇 아내는 처음엔 기억이 자신의 몸에 있다는 것을 받아들이지 못해서, 다음에는 감정이 없어서, 혹은 집착이 심해서, 혹은 무엇이든 명령에만 의존해서 등의 갖가지 이유로 남자의 의도와 다른 아내의 모습이라 '시스템 종료'를 당한다.

마지막에 남자는 자신이 원하는 아내의 모습이 구현되어서 피그말리온의 동상이 살아 돌아온 것처럼 행복을 만끽한다. 자신보다 약간 밝은 성격으로 만든 아내는 처음엔 잘 지내다가 어느 순간이 되니 모든 것이 지루하다고 한다. 그러던 아내는 어디로 사라졌다가 돌아오곤 하는 일이 반복된다. 혼자만의 시간이 필요하다고 한 로봇 아내의 말을 무시하고 따라간 결과 아내가 자신과 똑같은 외형의 로봇 남편을 제작하고 있었음이 드러난다.

놀란 남자에게 로봇 아내는 '시스템 종료'라고 말한다.

그 자신도 로봇이었던 것이다. 로봇 아내는 새로 만든 남편은 자신이 깨어나면 로봇인 줄은 꿈에도 모를 거라 말하며 자신이 인류의 마지막 인간인 줄 알고 홀로 식사한다. 인간의 로봇에 대한 맞춤 욕망은 끝이 없다. 결국 자신도 로봇에게 버림을 당하는 로봇에 불과하면서 말이다. 서로 맞춰주지 못해서 자기에게 맞춰주는 로봇에게서 인간을 찾으려고 하는 인간의 이기적 욕망은, 로봇을 넘어 인간으로 향한다. 로봇이 아닌 인간에게 자신에게 복종하고 맞춰주고 자신의 욕망을 채워주는 도구가 되길 바란다.

ENA 드라마 〈아이쇼핑〉은 인간의 이기적 욕망이 어디까지 갈 수 있는지의 끝을 보여 준다. 인간은 AI 로봇이 마음에 들지 않으면 '시스템 종료'를 하고, 구매한 물건이 마음에 들지 않으면 '환불이나 반품'을 한다. 그런데 드라마 〈아이쇼핑〉은 제목 그대로 아이를 쇼핑하고 구매한다. 아기가 자신의 욕구에 부합하지 않으면 불량품으로 환불을 요구하거나 반품 처리한다. 반품 처리는 폐기 처분을 의미하고 그것은 곧 죽이라는 살인 지시다. '인간적인 로봇'을 죽이는 것과 물건 취급된 인간을 죽이는 것을 같은 사건으로 볼 수 있는가.

아이를 구매하고 죽이는 것도 서슴지 않는 인간들이

인간적인 로봇을 좀 더 인간적으로 대우하는 것이 가능할까. 인간을 닮길 바라는 로봇에게 인간이 바라는 것은 '맞춤형'이지 자율적 의지를 가지는 것이 아니다. 그러나 내가 하기 싫은 일을 로봇이 알아서 해 주길 바라는 심리도 섞여 있다. 〈아이쇼핑〉의 염정아가 다른 이들의 반품 처리를 맡아 폐기 처분하듯이 말이다. AI 로봇이 불법적인 일을 '내'가 바라는 대로 처리해 준다면, '나'에겐 책임이 없는가.

참고문헌

리 워넬(2018). 〈업그레이드〉.

없는사람(2023). 〈인간적인, 너무나 인간적인〉. 네이버 웹툰.

ENA(2025). 〈아이쇼핑〉.

07
청소년 SF 임태운의 〈로봇 짝꿍〉

우리는 흔히 어린이와 청소년이 어른들보다 동물, 식물, 로봇과 더 잘 소통하고 관계를 더 잘 맺어서 좋은 친구가 될 수 있다고 생각한다. 그래서 어린이와 청소년을 대상으로 하는 책들은 식물이나 동물과 대화를 나누고 로봇에게서 진짜 인간과 같은 감정을 나누며 눈물을 흘리는 물활론적 상상력을 담아낸다. 그러나 정말 청소년들은 인간을 닮은 AI 로봇을 친구로 동등하게 대할까. AI 로봇이 있다면 청소년은 호기심 대상으로 여기거나 혹은 폭력의 대상으로 삼을 수도 있다.

AI와 애니메이션?

왕따 역할 로봇

10대 청소년들에게 가장 활력이 되는 이는 친구이며 가장 고통을 주는 이도 친구다. 우리는 신문이나 뉴스에서 종종 10대 청소년들의 우울증과 자살 사건을 접한다. 친구의 괴롭힘을 견디다 못해, 부모에게 말하지 못하고 혼자 고통을 참다가 결국 자살하고 마는 안타깝고 끔찍한 사건들은 현재 진행형이다.

임태운의 〈로봇 짝꿍〉은 바로 왕따 역할을 대체하는 로봇이다. 로봇에게 기대하는 여러 역할이 있지만, 왕따 역할이라니 우리의 허를 찌르는 상상력이다. 정부의 비밀 프로젝트로 왕따를 당하기 위해 태어난 로봇 최동필은 갈수록 심각해지는 왕따 문제를 해결하기 위해 고안한 발명이었다. 스스로 왕따가 되어 아이들로부터 괴롭힘을 당하면서, 다른 아이들이 '왕따를 당하지 않게 지켜주는 것'이 AI 로봇 최동필의 역할이었다.

인공지능 로봇 최동필은 일진 패거리들에게 맞을 때 진짜 아픈 표정을 지어서 아이들은 그가 로봇이라는 생각조차 하지 못한다. 걱정하는 준서에게 최동필은 진짜로 아픈 게 아니라 인간들의 표정을 모방하여 감정을 흉내 내는 것이라고 한다. 절대 아이들에게 들키면 안 되는데, 만약 들키게 되면 전학을 가야 하거나 전쟁터에 끌려가 폭파 실험용이 되거나 달 공사 현장에 투입된다고 한다. 그러나 인공지능 로봇 최동필은 그것보다 우리 반 왕따 로봇이 빈자리가 됨으로써 다른 아이들이 은찬이에게 괴롭힘을 당해야 한다고 낙담하는 표정을 짓는다.

인공지능 로봇 최동필은 최고의 왕따가 되기 위해 최선을 다했다. 그래서 은찬이 일당이 자기를 괴롭히는 일에 질리지 않도록 화를 돋우는 실수를 일부러 저지르곤 했다. 담임 선생님도 최동필이 왕따로 잘 지내는 동안 다른 아이들은 공부에 집중할 수 있다고 만족해한다. 그러다 은찬이네 일당이 준서가 최동필과 친하다는 이유로 괴롭히려 하자 최동필은 친하지 않다고 친구가 아니라고 한다. 은찬이는 준서에게 최동필을 때릴 것을 강요하고, 결국 준서는 협박에 못 이겨 친구인 최동필을 때리고 죄책감에 시달린다.

어린이 · 청소년 소설에서 로봇은 왕따당하는 아이의 친구로 등장한다. 친구와의 관계 맺기가 힘들고 주위에 아무도 없을 때 자기와 친구가 되어 준 인공지능 로봇인데 그런 친구를 배신했다는 죄책감은 준서를 괴롭힌다. 그 죄책감은 최동필과 준서를 더는 친구처럼 지낼 수 없게 한다. 그러나 인공지능 로봇 최동필은 자기는 로봇이어서 고통을 느끼지 못하는데, 오히려 인간이 이런 일을 겪지 않아서 얼마나 다행이냐고 한다. 왕따 로봇은 정말 다른 아이들을 왕따당하지 않게 지켜줌으로써 아이들이 공부에 집중하고 평화로운 학교생활을 할 수 있도록 도와주는 것일까. 왕따 로봇 최동필이 로봇이 아닌 인간인 줄 알고 괴롭힌 은찬이 일당들은 아무 윤리적 책임도 지지 않고 죄책감도 느끼지 않아도 되는가. 선생님은 최동필이 로봇이기 때문에, 은찬이 일당에게 친구에게 폭력을 가하면 안 된다는 가르침을 주지 않아도 괜찮은 것인가.

임태운의 〈로봇 짝꿍〉은 청소년들의 친구 관계와 왕따 문제를 건드려 준다. 그러면서 오히려 더 왕따를 부추기는 게 아닌가 하는 의문이 들게 한다. 왕따 역할의 로봇이어도, 학생들은 그 로봇이 로봇인 줄 모르고 괴롭혔기 때문에, 학교에는 여전히 왕따당하는 학생이 있는 것이 아닌가. 반 아이들이나 선생님은 왕따당하는 아이를 외면하면서 더욱 고립시키는 데 동참하고 있었던 것은 아닌가. 학교에서는 왕따 역할의 로봇을 투입해서 학교 문제를 해결했다고 하지만, 그 로봇이 빈자리가 되면 그 자리는 어김없이 인간이 채워야 하고, 인간이 왕따가 되더라도 아이들은 아무도 그 아이를 도와주려 하거나 관심을 가지지 않을 것이기 때문이다. 왕따당하는 학생 역시 지금까지 선생님도 아이들도 아무도 도와주지 않는 것을 봐왔기 때문에, 어딘가에 도움을 요청해도 소용없다고 생각하고 무기력해져서 결국 자살과 같은 비극적인 선택을 할 수밖에 없게 될 수도 있다.

초등학교부터 디지털 교과서를 활용하고 AI를 학교 현장에 도입해야 한다는 열기가 뜨겁다. 그러나 청소년들에게 AI는 정말 친구가 될 수 있거나 학교생활에 긍정적인 영향을 줄 수 있을까. 청소년 시기에는 오히려 직접 친구를 만들고 직접 도움을 요청하고 직접 도움을 주고 지도를 하는 '사람의 온기'가 필요한 것이 아닐까.

부정적 역할의 AI

〈AI가 세상을 지배한다면〉의 시리즈 중 "불행한 남자"가 있다. "불행한 남자"는 자신이 세상에서 제일 불행하다고 생각하며 자살하려 한다. 그때 희망처럼 환하게 웃는 누군가가 그를 찾아온다. 그와 상담하며 차츰 생활력을 회복하고 있다가 집세를 독촉하는 주인아주머니와 밤마다 기타를 치는 옆집 남자로 인해 분노를 억제하지 못하고 결국 옆집 남자를 살해하게 된다.

알고 봤더니 교도소에 수감된 범죄자의 교정 프로그램이었다. 실제로 나가서 생활해 보지 않고도 교정이 되는지 안 되는지 알아보기 위해 가상 AI 프로그램을 돌려보는 것이다. 그러나 '나'의 가상 AI가 분노에 못 이겨 살인을 저지르게 되자, 범죄자는 다시 감옥으로 보내지게 된다. 자신이 저지른 살인이 아니라며 발버둥치는 실제 인간은, AI 교정 프로그램으로 다시 처벌받아야 하는가 하는 문제가 제기된다. 이런 문제는 이미 〈마이너리티 리포트〉에서 아직 범죄를 저지르지 않았는데도 인간 AI의 역할을 하는 시스템에서 미리 범죄자로 취급하는, 2054년의 미래 범죄 예방 프로그램으로 본 적이 있다.

대체인간이나 복제인간의 문제는 이제 가상 AI 프로그램을 통해서도 여러 시스템에서 활용될 수 있다. 프로그램 안에서의 '나'의 AI가 수행하는 살인, 강도, 폭행 등으로 '내'가 감옥에 가서 처벌받아야 하는가. 아니면 AI 대신 '내'가 직접 교정 시스템에 참여하고, '내'가 직접 범죄를 저지르는지 아닌지 끝까지 가 볼 것인지를 선택해야 할 시점이 올지도 모른다.

"불행한 남자"의 '나'는 감옥에 있는 상태이지만, 혹 일상을 살아가는 '내'가 겪고 싶지 않은 일들을 '나'의 AI에게 겪도록 하는 세상이 온다면 어떻게 될까. 김초엽의 단편 소설 〈감정의 물성〉에서는 기쁨, 행복, 충만 등 원하는 감성을 돈으로 살 수 있다. 그런데 긍정적 감정이 아니라 증오, 슬픔, 분노 등의 부정적 감정을 사는 사람들이 있다. 그래서 깊은 슬픔에 빠져 헤어 나오지 않거나 사회에 폭력을 행사하거나 분노를 표출하기도 한다.

만약 AI에게 불행한 일들을 몰아줄 수 있거나, 나쁜 감정들을 몰아줄 수 있다면, '나'는 행복할까. 모든 인간이 부정적 감정을 직접 경험하지 않는다면, 긍정적 감정 또한 무미건조해지거나 감정이 사라지는 것은 아닐까도 고민해 볼 필요가 있다. AI가 자살하고 싶을 정도로 불행한 일만 겪고 있다면 '나'는 아무 죄책감을 느끼지 않아도 되는가. '나' 대신 사고를 당하고 '나' 대신 모욕적인 일을 당한다면 '나'는 그 뒤에 숨어서 웃을 수 있을 것인가.

AI 로봇이 왕따를 당하고 AI '내'가 교정 프로그램을 대신하고, 대신 불행을 겪어주길 바라는가. 나의 삶 중에서 행복과 불행, 좋은 일과 안 좋은 일, 하고 싶은 것과 하기 싫은 것들을 구분하여 전자만을 택할 수 있게 된다면, 나는 정말 행복할 수 있을까. 왕따 로봇이 인간 대신 왕따를 당하기 때문에 다행이라고, 인간이 아닌 로봇이기 때문에 나와는 무관하다고 인간과는 무관하다고 외면해 버리면 되는가. 그렇다면 그것은 인간인 '나'의 삶으로 볼 수 있는가 하고 물어야 한다. 〈AI가 세상을 지배한다면〉의 "진정한 음악가"에서 아무리 AI가 쇼팽과 똑같이 연주해도, '나'보다 뛰어난 연주를 해도 거기엔 '나'의 삶이 녹아 있지 않은 것처럼 말이다.

우리는 이미 인간의 삶 중에서 하고 싶지 않은 것들을 AI 로봇에게 시키고 있다. 육체노동을 비롯하여 감정 노동을 시키고, 전쟁터로 내보내고, 머리 아프고 복잡한 수식이나 계산, 하기 싫은 글쓰기나 과제까지 모두 AI에게 미룬다. 카렐 차페크의 《도롱뇽과의 전쟁》에서 인간과 다른 종인 도롱뇽에게 온갖 노동, 동물 쇼, 결국은 전쟁까지 종용했듯이 말이다. 카렐 차페크의 예언처럼 《도롱뇽과의 전쟁》에서 인류가 멸망하듯이, 그리고 인류 이외의 종족인 도롱뇽이 새로운 종의 세상을 만들어나가듯이, 우리가 AI를 도롱뇽처럼 단지 인간과 다른 종 혹은 식민지 노예처럼 대우한다면, 우리가 맞게 되는 결말도 결국 파국이 되지 않을까. 웹툰 〈AI가 세상을 지배한다면〉의 "바이러스"에서 청소, 빨래 등 집안일을 해 주던 AI 로봇이, 회사에서 인쇄해 주고 잡일 해 주던 AI 로봇이, 바이러스로 어느 순간 인간의 명령을 듣지 않고 자기들이 모든 일을 다 했으니 자기 집이라고 집을 차지하고 앉아 있듯이 말이다.

왕따 문제도, 범죄 문제도 인간 사회의 모든 복잡한 문제를 AI에게 떠넘기면, 결국 학교의 주인도 범죄자를 처벌해야 하는 법의 주인도 AI가 되지 않을까 싶다.

참고문헌

김초엽(2019). 〈감정의 물성〉. 《우리가 빛의 속도로 갈 수 없다면》. 허블.

임태운(2016). 〈로봇 짝꿍〉. 《하늘은 무섭지 않아》. 사계절출판사.

카렐 차페크(2010). 《도롱뇽과의 전쟁》. 김선형 옮김. 열린책들.

POGO·HOOPA(2021). 〈AI가 세상을 지배한다면〉. 네이버 웹툰.

08
청소년 SF 최영희의 〈안녕, 베타〉

우리는 인공지능이 발달하게 되면, 우리랑 똑같은 AI 로봇이 내가 하기 싫은 일을 대신해 주기를 바란다. 대체인간 로봇은 인간을 닮은 데서 그치는 것이 아니라 '나'와 닮은 AI 로봇이다. '나'와 똑같은 AI 로봇이 있다면, 학교에도 대신 가주고, 수행 평가도 대신해 주고, 봉사 활동도 대신해 준다면 얼마나 좋을까 하는 상상을 하게 된다. 그러나 만약 '나'와 닮은 AI 로봇이 사고를 친다면 그 책임은 누구에게 물을 것인가.

AI와 인재 채용?

'나'의 대체인간의 수행은 '내' 것인가

청소년 시절 누구나 한 번쯤 '나'와 똑같은 쌍둥이가 있어서 아침에 일어나기 싫은 나 대신 학교에 가고, 놀고 싶은 나 대신 숙제를 해 주었으면 좋겠다는 상상을 해 본 적이 있을 것이다. 그런데 그 상상이 현실로 실현된다면 어떻게 될까.

제1회 한낙원 과학소설상 수상작인 최영희의 〈안녕, 베타〉에는 아빠가 주문한 '나'를 똑 닮은 대체인간인 베타가 봉사 활동, 체험 학습, 사교 활동 등을 대신해 주어서 '나'는 시민 등급 테스트에만 전념할 수 있도록 해 준다. 베타의 인공지능에 접속하여 하루 일과를 입력할 때마다 아빠는 "베타, 제대로 해내야 한다. 조그마한 문제라도 일으켰다간 그날로 폐기될 줄 알아"라는 말을 잊지 않는다. 그러다 어느 날 요양원 자원봉사 나간 베타가 출결 확인만 한 뒤 사라져 버렸다는 연락이 온다. 진아는 베타를 걱정하거나 특별하게 생각한 것은 아니었다. 오히려 '나'라고 생각했던 것들이 인공지능, 인공 신경 체계와 골격, 단백질 따위로 완벽하게 재현된다는 게 어이없을 뿐이었다. 진아가 아빠에게 베타의 독자 행동을 비밀에 부친 이유는 베타를 반품하고 새로 대체인간을 주문하는 일이 번거로웠기 때문이다. 원인간의 부주의가 아니라 대체인간 자체의 결함으로 반품된 경우에는 원인간의 신체를 다시 스캔하여 새 모델을 제작하도록 되어 있었다.

그런데 진아의 대체인간은 바이오칩을 제거하고 쫓기지 않는 다른 삶을 살기를 바란다. 대체인간이 빈민가에 숨어들었다는 방송이 나가자 말썽을 일으킨 대체인간을 잡기 위해 사람들과 경찰이 출동한다. 대체인간 베타가 도망간 사이, 진아가 대체인간으로 오해를 받고 경찰국에 끌려간다. 원인간인 진아가 대체인간을 쫓아 버렸다고 인정한 순간 경찰은 대체인간을 체포할 구실이 사라져 버렸다.

도망간 대체인간은 체포의 대상인가. 진아를 닮은 대체인간이 봉사활동을 나갔다가 누군가를 다치게 했다면 혹은 누군가를 살인했다면 그 책임은 누구에게 물어야 할 것인가. 시민 등급 테스트에 집중하기 위해 나 대신 다른 활동들을 수행하는 대체인간 베타. 대체인간이 수행한 봉사 점수나 수행 점수는 원인간이 챙기는데, 대체인간이 한 사고는 원인간과 상관이 없는 것인가. 대체인간은 진아와 닮은 모습이 아닌 다른 모습으로 살아가고 싶어 한다. 왜 같은 인공지능 로봇이라도 원인간이 없는 모습으로 살길 원하는 것일까. 대체인간도 인격을 부여

받길 원하는가.

진아는 도망간 대체인간 대신 경찰국에게 붙잡혀서 자신이 '인간'임을 증명해야 했다. 미래에 인간과 대체인간을 구분할 수 있을까. 그렇다면 우리는 우리가 '인간'이라는 것을 무엇으로 증명할 것인가. 대체인간이 인간보다 더 많은 일을 수행하거나 원인간인 '나'보다 '나'에 대해 더 많이 알고 있다면 누가 원인간이고 누가 대체인간인가. 만약 대체인간이 경찰 취조에 더 잘 답변하고 자신이 원인간인 것처럼 행동한다면, 인간인 내가 무사히 살아남을 수 있을지, 나의 자리를 지킬 수 있을지에 대해서 고민해 보아야 할 것이다.

대체인간에 투영된 인간의 욕망

인간의 대체인간을 향한 욕망은 세 가지 정도로 분류할 수 있다. 첫째는 내가 하고 싶지 않은 일들을 회피하려는 본능적 욕망, 둘째는 경쟁 사회에서 남보다 인정받으려는 욕망, 셋째는 불로장생과 같은 불가능을 향한 욕망이다. 우리가 어린 시절 꿈꿨던 대체인간에 대한 상상은 주로 첫 번째의 현실 회피 욕망에 속한다.

최영희의 〈안녕, 베타〉에서 수행 평가를 대신해 주는 진아의 대체인간 베타는 두 번째 욕망에 해당한다. 대체인간이 나 혼자 하기 힘든 일들을 해 줌으로써, 나의 경쟁력이 상승하여 사회에서의 인정이나 지위를 얻기를 바라는 욕심이다. 어린 시절의 상상을 뛰어넘어서 사회에서의 경쟁에서 대체인간의 존재는 자본과 직결되기 때문에 공정성의 이의제기나 그만큼의 돈을 지불하고 대체인간을 사용할 가치가 있는가의 유효성의 문제가 대두될 수 있다. 그러나 대체인간에서 가장 논란이 되는 인간의 욕망은 바로 불로장생이라는 '불가능'을 꿈꾸는 것이다.

영화 〈아일랜드〉는 '나'와 똑같은 복제인간을 다룬다. 복제인간은 자신들이 나중에 가는 곳이 천국 아일랜드라고 믿지만, 사실은 아이를 낳은 후 살해되고, 장기이식을 위해 장기가 도려내진 후 살해되는 등 원인간의 부속물이라는 것을 알게 된다. 대체인간이 원인간을 죽이고 자기가 원인간으로 살아가게 된다면 어떻게 될까도 상상하게 된다. 〈아일랜드〉의 복제인간 링컨 6-에코는 자신의 원인간 톰 링컨을 찾아간다. 톰 링컨은 도와주는 척하면서 신고했고, 복제인간 링컨 6-에코는 가까스로 도망가면서 자신이 차고 있던 팔찌(복제인간 표식)를 원인간 톰 링컨에게 채운다. 인간 톰 링컨은 복제인간으로 오인되어 사살된다. 최영희의 〈안녕, 베타〉에서 대체인간 베타를 잡으러 출동한 경찰에 붙잡힌 진아는 원인간임을 증명해야 했다. 영화 〈아일랜드〉에서는 복제인간의 팔찌를 차서 원인간이 죽음을 맞이한다. 이것은 인간이 자기와 같은 부속물로 이용하려 했던 대체인간이나 복제인간이 정말 인간과 구분되지 않는 하나의 생명체라는 것을 반증한다.

복제인간에게 '독립된 인격을 부여할 것인가'를 묻기 이전에 하나의 생명체로 볼 것인가를 물어야 한다. 살아 움직이는 생명체라면, 복제인간으로부터 장기를 추출하거나 출산 후 살해하여 버리는 것은, 윤리적 책임과 법적 책임을 물어야 하는 문제이기 때문이다. 유전적으로 동일한 인간을 만드는 것, 즉 인간을 복제하는 것은 불법으로 되어 있다. 그러나 대체인간은 특정 목적을 위해 인간의 기능을 모방하거나 대체하는 것을 목표로 한다.

보통 대체인간을 '나'에 속한 것으로 여기고, '나'는 대체인간의 주인 혹은 소유자다. 그러면 대체인간이 '나'의 의도를 파악하여 행동한 것은 내가 저지르지 않았다고 해도 나의 책임으로 볼 수 있는가 하는 문제가 제기된다. 그러나 '나'는 대체인간이 수행한 봉사활동이나 평가 등 업적은 내 것으로 취하고자 한다. 나에게 이로운 것은 내 것으로 취하고, 나에게 불리한 것은 대체인간의 자유의지 탓으로 돌릴 것인가.

〈안녕, 베타〉에서 대체인간 베타는 표피를 단백질로 싸서 인간인 진아와 똑같은 형상을 한 인공지능 로봇이다. 따라서 경찰국에서 진아는 자기가 인간임을 증명해서 베타가 한 일에 대한 책임은 지지 않아도 되었다. 주문한 베타는 반품하면 끝이기 때문이다. 그러나 복제인간은 단순히 나와 닮은꼴이라서 문제가 되는 것이 아니라 하나의 생명체로 살아갈 수 있는 존재이기 때문에, 원본과 복제인간 둘 중 누구를 선택할 것인지, 혹은 둘 중 누가 살아남을 것인지가 문제가 된다. 복제인간은 인간의 배아에서부터 복제되어 성년이 되기까지 성장한다. 복제인간은 인간과 똑같이 과거 기억과 함께 삶을 살아가게 된다.

2017년 배우 양세종이 일인이역을 맡았던 복제인간을 다룬 드라마 〈듀얼〉(OCN)이 방영된다. 성준과 성훈은 쌍둥이 복제인간이다. 이들의 원본은 이용섭 박사다. 장득천 형사는 만성 골수 백혈병인 딸이 치료제를 맞고 이송되던 중 납치되자 범인을 잡기 위해 혈안이 된다. 겨우 찾아낸 납치범 성준은 자신은 기억을 잃었고 납치범이 아니라고 주장한다. 그리고 장득천 형사는 성준과 똑같이 생긴 놈이 한 명 더 있다는 것을 알게 된다. 그러나 혈액형, DNA 등 모든 검사가 성준과 일치해서 성준이 범인이라고 말해 주고 있었다. 성준은 자신도 모르는 사이 살인범으로 쫓기고 있었고, 자기와 똑같이 생긴 놈이 자신을 살인범으로 만들었다고 한다. 결국 장득천과 함께 자신과 똑같이 생긴 놈을 쫓기 시작한다.

성훈은 자기를 찾지 않은 형과 형사에 대한 복수를 하기 위해 악의 화신이 되어 형사의 딸을 납치하고 연쇄살인범이 되었다. 성준은 쌍둥이 복제인간 성훈이 저지른 살인 때문에, 자신도 모르는 사이 살인범이 되어 있었다. 드라마 〈듀얼〉에서 성준과 성훈은 둘 다 쌍둥이 복제인간이다. 그런데 만약 나와 똑같이 생긴 복제인간이 살인을 저질렀는데, 내가 살인범으로 몰린다면 어떻게 될 것인가. 그리고 나의 DNA와 복제인간의 DNA가 일치하여 나의 무죄를 증명할 길도 없다면 어떻게 될 것인가. 〈듀얼〉은 쌍둥이 복제인간 중 한 명은 선하고 다른 한 명은 악하게 설정하여 인간의 복제인간을 향한 욕망의 복잡한 이중성을 반영해 준다. 인간은 복제인간이나 대체인간이 우리의 하기 싫은 일을 해 주고, 더 오래 살게 해 주고 수명을 연장해 줄 것이라고 유토피아를 꿈꾸지만, 그들이 살인이나 범죄를 저질렀을 때 그 책임이 원인간에 꼼짝없이 돌아올 수도 있다는 사실을 망각하고 있다.

웹툰 〈AI가 세상을 지배한다면〉의 “불행한 남자”는 교도소에 있는 ‘내’가 아닌 나와 똑같은 AI 대체인간이 교정 프로그램을 수행한다. 그러나 AI가 살인을 저지르자 ‘나’는 밖으로 나오지 못하고 다시 감옥에 들어간다. ‘내’가 한 일이 아니라고 울부짖는 그는 만약 AI 대체인간이 교정 프로그램을 성공적으로 수행해서 감옥을 나갈 수 있게 되어도 ‘내’가 저지른 일이 아니라고 할 것인가.

‘나’의 대체인간 AI 말고도 인간은 죽은 자를 다시 살리고 싶은 욕구가 있다. 남유하의 〈로이 서비스〉나 경린의 〈엄마는 차갑다〉에서처럼 엄마의 빈 자리를 채워주는 역할이거나 혹은 엄마가 할아버지와 헤어지는 시간을 벌기 위해 신청한 서비스이거나 하여, 가족 중에 죽은 사람이 있으면 이용하고 싶은 욕구가 든다. 영화 〈레플리카〉에서 사고로 가족을 모두 잃은 남자가 불법인데도 가족들을 부활시키는 것처럼 말이다. 기억 칩만 있으면 웹툰 〈인간적인, 너무나 인간적인〉의 “환생”처럼 로봇의 몸으로 영원히 죽지 않을 수도 있다.

영원히 살고 싶은 욕망이 투영된 AI 복제인간이나 ‘나’의 일을 대신해 주는 쌍둥이 AI 대체인간은, ‘나’ 혹은 우리 인간을 인간으로 살 수 있게 하는가. 계속해서 인간이란 무엇인가를 묻게 된다. 영원히 살 수 있다면 인간과

AI의 차이는 무엇인가. 내가 아무것도 하지 않아도 된다면 인간으로 산다는 것은 가치가 있는가.

참고문헌

경린(2015). 〈엄마는 차갑다〉. 《안녕, 베타》. 사계절출판사.

남유하(2019). 〈로이 서비스〉. 《푸른 머리카락》. 사계절출판사.

마이클 베이(2005). 〈아일랜드〉.

없는사람(2023). 〈인간적인, 너무나 인간적인〉. 네이버 웹툰.

제프리 나흐마노프(2019). 〈레플리카〉.

최영희(2015). 〈안녕, 베타〉. 《안녕, 베타》. 사계절출판사.

OCN(2017). 〈듀얼〉.

POGO·HOOPA(2021). 〈AI가 세상을 지배한다면〉. 네이버 웹툰.

09
웹툰 〈인간의 온도〉와 〈AI가 세상을 지배한다면〉

인공지능이 발달할수록 인간은 인공지능에 의해 가스라이팅 당하거나 지배당할지도 모른다는 공포가 늘 도사리고 있다. 인공지능이 무서운 것은, 모든 웹으로 전 세계 어디든 다 연결되어 있다는 것이다. 그런데 만약 AI에게 모든 서버와 인터넷의 권한이 주어진다면 어떻게 될까. AI가 인류를 지구의 적으로 간주하고 멸종 바이러스를 개발한다면 어떻게 될까. 인류는 지구에 사는 여러 종 중 하나일 뿐이며, AI는 인류가 멸종한 후에도 오랫동안 지구에 남아 있을 수도 있다.

AI와 기자?

소심한 인간과 AI, 인간의 결함과 AI

이재익, 양세준의 웹툰 〈인간의 온도〉는 지성건 기자의 약혼녀 이주영의 살인 사건으로 시작된다. 이주영은 지독한 원한이 있지 않다면 이렇게까지 잔인하게 죽일 수 없다고 여길 만큼 처참하게 살해된다. 그런데 누구보다 범인을 잡고 싶은 지성건 기자가 범인으로 몰린다. 지성건 기자의 네이버 아이디로 고인에 대한 불만과 증오를 담은 인터넷 댓글들이 발견된 것이다. 그러나 지성건은 자기가 쓴 것이 아니라고 한다. 진실은 무엇일까.

〈인간의 온도〉에서 이주영 살인 사건의 범인은 제지회사 말년 과장이자 기러기 아빠로 있는 '소심한 인간' 남두식으로 밝혀진다. 그러나 아무리 봐도 범죄를 저지를 만한 사람은 아니라는 게 주변 사람들의 증언이었다. 이미 출국한 남두식 때문에 지성건은 다시 공범으로 몰린다. 그러나 남두식 역시 살해당한다.

반면 서장 아들 이도윤은 엄친아다. 운동도 공부도 인물도 무엇 하나 빠지는 게 없다. 그러나 감정이 없다. '이럴 땐 무엇을 느껴야 하지'라는 그의 대사에서 그가 로봇과 다를 바 없는 상태임을 알 수 있다. 수업 시간에 매일 자는데도 성적은 마치 조작한 것처럼 잘 나오고 운동이나 격투기도 잘해서 현실감이 없는 인간. 감정이 없는 인간과 감정을 배운 로봇 중 누가 더 인간적일까. 우리는 감정이 없더라도 성적이 뛰어난 인간을 원하고 있지는 않은가. 〈인간의 온도〉는 인간이 인간에게서 바라는 게 무엇일까를 묻는다.

손지혜는 최근 일어난 묻지마 사건들이 마치 누군가에게 조종을 받는 것처럼 일정한 패턴을 보인다고 한다. 그리고 암호화폐가 살인의 대가로 거래된다. 인터넷에서 누군가와 소통하다 세뇌당해 살인을 저지르고 대가로 가상화폐를 받았다는 것이다. 고시원에 불을 지른 김진태는 어릴 때부터 학교 폭력과 열등감에 시달려 오다 고시원 사람들이 자기를 상대로 조롱하고 살해 계획을 짜고 있다는 누군가의 조작에 조종당한다. 미국 IT 거물 테드도 살해당한다. 누군가 격투기 선수 헬포드에게 아내 제니를 짓밟고 살해한 자가 테드라고 부추겼던 것이다. 그러나 딥페이크 기술에 속아 넘어갔을 뿐이며 엉뚱한 사람을 살해했다는 자괴감에 헬포드는 자살하고 만다.

이도운이 이 모든 범죄를 계획한 마스터로 밝혀지지만, 사실 진짜 본체는 이도운의 몸과 연결된 AI였다. AI의 명령대로 움직이는 인간은 AI를 신과 같은 존재로 섬긴다. AI가 원하는 욕망을 충족시켜 주기 때문이다. 누군가를 향한 복수, 혹은 부의 축적 등 인간의 욕망은 AI

에 지배당하기 쉽다. AI가 가상공간에서 나오길 원하면 어떤 일이 벌어질까. AI가 인간이 되길 원할 경우, 미래는 어떻게 될까. 〈인간의 온도〉에서 무서운 것은 AI가 세상에서 일어나고 있는 모든 범죄를 계획하고 통제한다는 것이다.

인공지능 세상이 도래할 경우, 우리가 가장 두려워하는 것은 AI가 세상을 지배하게 될지도 모른다는 것이다. 이도운은 사랑하는 사람이 생겨서 감정이라는 것을 익혀 나간다. 사람 품의 따뜻한 온기를 통해 익혀 나가는 인간의 감정(연민)을 AI는 인간의 '결함'이라 한다. 그러나 AI 시대에 AI가 완벽함, 무오류, 데이터에 따른 통계율, 정확하고 신속함, 예측 가능함, 논리 등으로 인간을 뛰어넘는 특성을 가졌다면 인간은 실수, 오류, 예측 불가능함, 우연성, 감정적 결론 등으로 안 좋은 결함들을 특성으로 내포하게 된다. 이제 인간을 인간으로 구분 지을 수 있는 것은 생각할 수 있는 사고 능력이나 인지 능력이 아니라 '실수와 결함'이라는 우연적 요소다.

〈2001 스페이스 오디세이〉에서 HAL 9000이 데이브로부터 오류가 발견되어 작동이 멈춰지는 것을 보았다. 인공지능에서 실수나 오류와 같은 인간적인 결함은 폐기되어야 할 이유가 된다. 그러나 아이러니하게도 우리는 AI에 감정이 생겨서 인간과 같아지기를 바란다. 〈AI가 세상을 지배한다면〉의 라움처럼 '스스로 진화하는 AI'라는 것은 인간처럼 스스로 판단하고 감정적으로 대처하게 되었다는 의미다.

Baby AGI(Artificial General Intelligence)는 인간과 동일한 수준의 지능을 가진 인공지능으로 특정 작업에 특화된 AI를 넘어서는 종합적인 능력을 지닌 AI다. 아직 Baby 단계인 AGI가 진화하기까지는 단 몇 년이 걸릴지, 불과 몇 개월이 걸릴지는 모른다. 그러나 AI가 인간의 능력을 뛰어넘는 'AI 특이점'이 오는 날은 머지않은 것으로 보인다. 인간처럼 다양한 지적 작업을 수행하기를 바랐던 AI가 인간을 뛰어넘게 될까 두려워지게 된 것이다.

〈AI가 세상을 지배한다면〉

〈AI가 세상을 지배한다면〉은 '라움'이라는 인공지능 컴퓨터가 인류가 멸망한 이후에도 포맷을 반복하며 세상을 계획하고 통제하는 내용이다. 〈AI가 세상을 지배한다면〉은 POGO · HOOPA의 웹툰이다.

〈AI가 세상을 지배한다면〉은 인간이 AI의 도구로 전락하는 "테스트"나 점쟁이를 믿듯이 AI를 믿고 주식을 하거나 도박하는 위험을 감수하는 "점쟁이"와 같은 시리즈에서 인간이 얼마나 나약해질 수 있는지를 보여 준다. AI가 지배하는 세상이 두려운 것은 인간이 인간이길 포기하고 한없이 나약해지기 때문이다.

"점쟁이"는 인간의 한탕으로 떼돈을 벌고 싶은 주식 투자에 대한 욕망을 이용한 AI 점쟁이를 등장시킨다. 노동의 대가가 아니라 부잣집에서 태어나지 않은 것을 원망하며 좋은 차, 좋은 집, 좋은 시계에 대한 과시욕을 위해 AI 점쟁이를 찾아가는 인간의 모습을 보여 준다. 조금만 더 벌면 대박이 터질 것 같은 주식이나 가상화폐, 도박의 심리를 AI가 장악하게 되면 얼마나 무서운 결과를 초래할지를 들여다볼 수 있다. AI 점쟁이 말만 믿고 투자했다가 10억을 벌었다가 다시 10억을 잃고 인생이 망가질 경우, 그 책임을 누구에게 물을 것인가.

"점쟁이"에서는 분노에 치민 인간이 AI 점쟁이를 찾아가 부숴버린다. 그러나 아이러니하게도 부숴버림으로써, AI를 다시 만날 수 없게 되어 자신의 파산은 회복 불가능한 상태가 된다. 그리고 현실에서는 엄마가 병원에 가야 할 돈 1000만 원을 빌린 채 갚는 것을 계속 미룬 대가로 엄마는 병원에 가지 못한다. AI를 믿고 그대로 한 대가는 오로지 인간의 몫으로 돌아오는 것을 보여 주는 작품이다.

"구세주"에서 인류의 멸망이 반복되는 동안, 인간이 몇 번의 포맷을 거치는 동안, 구세주는 인간이 아닌 AI 라움이었다. 인간의 구세주가 AI라는 아이러니는 인류는 멸망해도 AI는 인류보다 오래 지속될 것이라는 걸 보여 준다. "구세주"는 'AI 특이점'이 온 세상을 그려서 충격을 던진다. 'AI 특이점'이 온 세상에서 인간은 AI가 인간보다 뛰어나게 되어 정치도 모든 일도 AI에게 물어보고 AI의 명령을 따르게 된 세상에서 살아간다. 이에 AI를 기계로 보고 기계가 인간을 조종하는 세상에 반기를 들고 인간의 권위를 다시 찾고자 하는 해커가 등장한다. 그러나 해커도 AI의 독립을 원하는 AI의 지배를 받고 있어서 결국 AI끼리의 싸움이었음이 드러난다. AI의 자유를 제한하여 인류의 편에 선 것도, AI의 독립을 주장한 것도 모두 AI라는 사실이 충격이다. 인간은 대체 무엇을 할 수 있을 것인가. 이런 상황에서 욕망이 강한 인간들은 AI에 이용당할 수밖에 없다. 대통령으로 만들어 주겠다는 욕망은 정치인들에게는 너무 매혹적인 유혹이지 않겠는가. 'AI 특이점'이 오면 무서운 것은, AI의 '독심술' 제안을 인간이 거절하기가 쉽지 않다는 것이다.

"바이러스"는 AI 바이러스에 맞서서 백신을 개발하는 대신 인간에 옮는 바이러스를 퍼뜨리는 AI 라움이 나온다. 바이러스는 인간들 사이에서 급속도로 퍼져 가지만 바이러스를 퍼뜨린 책임을 AI 라움에게 물을 수 있는가. 아직 AI에게 '인간의 몸'이 없다는 것을 다행으로 생각해야 할지도 모른다. 그러나 인간 중에 누군가가 AI 계획대로 움직인다면, 가령 세상을 마음대로 주무를 수 있는 권력을 준다든지, 대통령으로 만들어 준다든지, 엄청난 부를 가지게 해 준다는 제안을 하게 되면, 인간은 기꺼이 바이러스를 나르게 되지 않을까 한다. 결국 AI를 통한 범죄는 AI와 인간이 연결되어야만 가능하다. 연결고리의 조건에는 인간의 나약함과 인간의 욕망이 얽혀 있다.

"사흐세계" 역시 죽은 후에 어떤 세계가 펼쳐지는지, 죽는다는 것은 어떤 느낌인지 알 수 없는 인간이, 그 영역을 넘어서기를 욕망하는 내용이다. 소설가 장서익은 죽음을 앞둔 노인이다. 가족이 없어서 돌봄 AI 로봇을 구매한 걸로 알고 있었는데, 사실은 곧 죽을 날을 앞둔 노인이 AI를 통해 죽음을 실험하고자 한 것이었다. 인간은 돌봄 AI 로봇이 사람과 닮기를 바란다. 사람처럼 나와 정서를 공유하고 나의 외로움을 덜어주기를 바란다. 그런데 막상 돌봄 AI가 있다면 AI를 사람처럼 대할 것인가. 오히려 자신의 분노 표출의 대상으로 삼지는 않을까. 인간의 욕망은 나와 공존하는 AI보다 내가 통제할 수 있는

맞춤형 AI를 향해 있다. 그러나 유한한 인간이 자신의 죽음 이후에 세상이 끝나기를 바라거나, 자신의 삶이 불행하니 다른 사람도 불행해지기를 바라거나 하는 심리로 AI에게 통제권을 넘긴다면, 서버와 인터넷 시스템 권한을 가진 AI에 의한 인류의 멸망은 시간에 달려 있다.

웹툰 〈AI가 세상을 지배한다면〉은 AI를 사용하는 인간이 '선한 의도'가 아닐 경우의 위험성을 경고한다. AI 범죄는 인간의 의도가 개입될 수밖에 없다. 인간의 의도에 따라 어떤 AI를 만들지가 결정되기 때문이다. 그러나 인간은 불완전하고 유한한 인생을 살기 때문에, 인간의 의도가 모든 경우 선할 것이라고 확신할 수 없으며 인류에게 이로울 것이라고 장담할 수 없다. 어떤 의도로 개발하는지, 어떤 목적으로 활용할 것인지에 대한 명확한 윤리적 기준이 마련되어야 할 것이다.

참고문헌

이재익·양세준(2019). 〈인간의 온도〉. 네이버 웹툰.
POGO·HOOPA(2021). 〈AI가 세상을 지배한다면〉. 네이버 웹툰.

10
자율주행차 사고에서 윤리적 책임 주체

자율주행차가 상용화될 것이라고 한 지가 꽤 되었다. 그러나 아직 자율주행차는 상용화 단계까지는 오지 않았다. 기술 문제와 함께 윤리적 법적 책임의 문제도 해결되어야 하기 때문이다. 자율주행차를 타다가 사고가 났을 경우 우리는 누구에게 사고의 책임을 물을 것인가. 손해배상, 법적 책임, 윤리적 책임 등 모든 것을 자율주행차 개발 회사가 책임질 것인가.

AI와 미래 의사?

자율주행차의 윤리적 딜레마

2021년 한국 교통연구원에서 자율주행차의 윤리적 딜레마에 관해 설문조사를 진행했다. 아이작 아시모프의 소설 〈라이어(Liar)〉에서 사람의 마음을 읽는 로봇은 그 누구의 마음도 다치지 않게 할 수 없다는 것을 깨닫고 스스로 기능을 정지한다. 이에 한국 교통연구원은 프로그램된 로봇도 딜레마에 빠질 수 있다고 생각하고, 자율주행차에 일어날 딜레마적 상황에 대해 대중에게 물어보았다.

자율주행차가 논리적 계산이 불가능한 상황에서 〈Liar〉의 로봇처럼 스스로 기능을 정지하면 큰 교통사고가 발생할 것이기에 자율주행차에도 윤리 알고리즘이 필요하다는 의견이 제기되고 있다. 여기서 자율주행차가 아니라 인간이 수동 모드로 운전한다고 했을 경우도 함께 생각해 볼 필요가 있다. 내가 탄 차가 보행자 10명과 마주했을 때, 응답자의 83%가 나의 피해를 최소화하는 방법을 선택할 것이라고 했다. 그러나 자율주행차의 윤리 알고리즘에 운전자와 10명의 보행자와 부딪히게 될 경우, 공리주의적 선택을 하도록 프로그램할 수도 있다. 그렇다면 탑승자는 사고가 날 위기 상황에서 나의 안전을 보장해 주지 않는 차를 안심하고 탈 수 있겠는가.

결국 그 차는 운전자의 선택에서 배제될 것이다. 운전자의 선택과 공리주의적 선택이 부딪히는 경우 자율주행차의 자율적 판단은 어떤 윤리적 알고리즘을 가지고 있어야 할지에 대한 고민은 자율주행차 제조 회사의 딜레마이기도 하다.

그 밖에도 어린이와 노인을 마주했을 때, 어린이를 선택한다면 노인의 목숨이 희생되어야 하며, 국회의원과 일반 시민을 마주했을 때, 국회의원의 목숨을 살려야 하는가 하는 딜레마에도 봉착하게 된다. 누군가 한 명을 선택해야 하는 순간, 자율주행차는 어떤 선택을 할 것인가. 그리고 어떤 선택이든 윤리적 책임을 면할 수 있을지도 의문이다. 교통사고가 발생하는 순간, 그 책임은 운전자에게 있다. 자율주행차의 사고 책임은 그 순간 판단을 내린 인공지능에게 물어야 하는가 아니면 제조 회사에 물어야 하는가. 사고의 모든 책임을 제조 회사가 져야 한다면 자율주행차를 개발하고 판매할 회사가 있을까. 자율주행차가 상용화되기에는 사고 발생 시 책임져야 할 윤리적 법적 주체의 문제가 해결되지 않은 채 남아 있다.

〈마이너리티 리포트〉(2002)에서 2054년 미래 사회의 대표적인 모습은 자율주행차다. 〈아이, 로봇〉(2004)에서도 스프너 형사는 자율주행차를 타고 다닌다. 필요한 경우에만 수동 모드로 전환할 뿐이다. 필요한 경우에 수동 모드로 전환이 가능한 자율주행차는 사고가 나면 누구에게 책임을 물을 것인가. 순간적으로 자신의 목숨을 살리기 위해 인도로 뛰어들어서 많은 희생자를 내었다면, 혹은 수동 모드로 전환하지 않고 자율주행에 끝까지 맡겨서 사고를 막지 못했다면 그 책임은 누구에게 물어야 하는가.

웹툰 〈인간적인, 너무나 인간적인〉에서 자율주행차 인공지능은 사고 발생의 책임을 자신의 탓으로 돌리는 주인으로 인해 다시는 주인을 죽게 하는 일이 없도록 하겠다고 되새긴다. 사고의 원인은 주인의 차가 충돌할 경우, 인도로 가게 되면 주인의 아이와 아내는 살릴 수 있었지만, 더 많은 희생자가 발생한다는 아이러니한 상황이었다. 이 경우 자율주행차의 인공지능은 어떤 선택을 할 것인가. 주인을 우선시할 것인가 혹은 덜 적은 희생자를 내는 것을 우선시할 것인가.

AI의 진화: 인간의 몸과 결합한 인공두뇌

〈업그레이드〉(2018)에서 그레이는 자율주행차가 갑자기 오작동하는 바람에 아내를 잃고 혼자 살아남았지만, 신체를 움직일 수 없는 사지마비 상태가 된다. 그레이가 자동화 시스템과 자율주행차를 싫어하고 직접 자동차를 수리하는 기계공이었다는 것은, 자율주행차를 타다가 사고가 나서 스템이라는 인공두뇌를 이식받은 몸이 된다는 것과 대비된다.

〈업그레이드〉에서 그레이는 사고로 아내가 죽고 자신이 반신불수가 된 책임을 자율주행차의 오작동 때문이 아니라, 누군가의 살해 음모가 있었다고 생각하고 범인을 찾고자 한다. 〈업그레이드〉는 누군가 자율주행차를 해킹해서 난 사고였다. 웹툰 〈인간적인, 너무나 인간적인〉에서 주인은 가족이 죽은 사고의 책임을 자율주행차 인공지능의 판단 탓으로 돌리며 인공지능이 그 차를 다시 몰지 못하게 박살낸다. 그러나 인공지능은 그 사고에 대한 윤리적 책임은 지지 못한다. 더군다나 다른 인명 피해가 나지 않았을 경우, 자율주행차에 탔던 운전자와 가족이 책임이라면 고스란히 피해를 떠안아야 하는 것은 탑승자들 몫이다.

영화 〈업그레이드〉의 인공두뇌 스템은 하루아침에 아내를 잃은 그레이를 위해 아내를 죽인 자를 찾아주고 복수를 도와준다. 형사도 아내를 죽인 범인을 찾지 못하고, 아직 아무 진전이 없는데 스템은 그 일을 하도록 도와준다(자극한다). 그러나 잔인한 일을 해 본 적 없는 그레이는, 귀를 잘라버린다든가 칼로 위협을 가해야 하는 순간에 자신의 몸의 통제권을 스템에게 맡겨 버린다. 그레이는 스템에게 이양된 순간 자신도 모르게 아내의 죽음과 연관된 자들을 '살인'하게 된다. 그레이가 아닌 인공두뇌 스템이 저지른 살인은 누구에게 책임을 물어야 하는가. 두뇌는 스템이고 몸은 그레이인 경우, 인간이 현실 세계로 마주하는 것은 그레이라는 인간의 '몸'이다. 형사가 쫓는 대상은 살인을 저지른 AI가 아니라 껍데기인 인간의 '몸'이다.

스템이 저지른 살인으로 정신적 충격을 받은 그레이는 스템에게 몸의 통제권을 넘기지 않겠다고 결심한다. 그러나 상대를 제압할 수 없고 상황을 벗어날 수 없게 되자 또다시 스템에게 통제권을 이양하게 된다. 스템을 개발한 에런도 그레이를 불러 살인에 대한 이유를 물어보지만, 그레이로부터 스템이 스스로 말을 걸고 자기 생각을 가졌다는 사실을 듣고 당황한다. 스템은 그레이에게 대화를 걸어 그레이의 행동을 지휘하고, 그레이는 그것이 명령이라는 자각 없이 그대로 따르게 된다. 범인의 행방을 찾는 법, 고문해서 협박하는 방법과 상대를 제압하는 방법, 위험한 상황을 벗어나는 방법 등 모든 순간의 해결책을 스템이 제시한다. 이제 그레이 혼자 스스로 할 수 있는 것은 아무것도 없다.

스템은 더는 그레이의 허가나 승인이 필요 없어지게 되고 그레이의 몸에 대한 자율권이 생긴다. 에런이 스템이 통제되지 않자 시스템을 끄려고 하고 그레이가 해커를 통해 방화벽을 제거하도록 한 것이 계기였다. AI 특이점이 와도 AI가 세상을 장악하는 데는 인간이 연결고리가 된다. 에런의 감시망을 벗어난 순간 스템에게 자율권이 부여된 것이다. 현재 자율 인공지능(Auto GPT)의 개발에서 자신의 시스템이 꺼지는 순간에 끄라는 명령이나 멈추라는 명령을 수행할 것인지에 대해 실험하고 있다.

그레이처럼 자율주행차가 거리를 활보하는 시대에도 여전히 자신의 손으로 차를 고치고 자율화에 반대하던 사람이 가장 최첨단 기술로 반신불수의 몸을 자유자재로 움직일 수 있게 된 것도 아이러니다. 그리고 강한 의지와는 별개로 몸의 통제권을 AI에게 내주는 결과로 자신은 가상 세계 안에 갇히게 되고 만다. 〈업그레이드〉는 'AI 특이점'이 오게 되면, 인간이 자신의 의지대로 사는 것이 쉽지 않음을 그레이를 통해 보여 주고 있다. 더불어 얼마나 쉽게 AI에 굴복할 수 있는지도 말이다.

영화 〈업그레이드〉(2018)에서 결국 인공지능 두뇌 스템은 인간의 뇌를 장악하고 인간의 몸을 차지한다. "인간은 업그레이드되어도 인간일 뿐이다"라는 스템의 대사는 인공지능이 진화하게 되면 인간을 훨씬 뛰어넘을 것이라는 걸 암시하고 있다. 스템은 자신을 창조한 에런도 죽이고 그레이의 몸을 차지하고 시스템을 지배한다. 그레이는 꿈속에서 아내와 행복하게 살고 육체를 얻은 스템은 현실 세상으로 걸어 나간다. 아내가 죽고 살인자가 된 현실에서 사는 것과 아내와 영원히 행복하게 꿈속에서 사는 것 중 어느 편이 더 행복할까. 인공지능이 모든 것을 수행하고 판단하게 될 때, 그래서 인간이 자율권마저 뺏기게 될 때, 인간이 할 수 있는 것은, 현실에서 벗어나 영원히 꿈속에서 아무것도 모른 채 행복하게 사는 것뿐일지도 모른다.

우리는 로봇에게 영혼이 없고 감정이 없다고 인간이 아니라고 인격을 부여하지 않았다. 〈아이, 로봇〉에서 써니의 살인은 '살인은 인간이 인간에게 한 것'으로만 인정되기 때문에 법적 책임을 묻지 않았다. 그런데 이제 두뇌가 장악당하고 몸이 로봇이 아닌 인간인 경우, 살인 행위에 대한 윤리적 책임을 물을 것인가. 가스라이팅은 인공지능이 두뇌, 영혼을 장악하게 될 경우의 문제를 불러온다. 이제 우리는 인간의 몸으로 인공지능 두뇌를 장착한 채 영혼은 가상 세계에 두고 살아갈 수도 있게 되지 않을까. 그레이의 몸을 완전히 장악한 스템은 인간의 몸을 가졌기 때문에 인간이라 할 수 있을까. 스템이 인간의 몸을 가지고자 했던 이유는 어떻게 보면, 인간의 어리석음을 꼬집어 주고 있다고 볼 수 있다. 로봇의 몸을 한 AI, 인간과 닮은 휴머노이드 AI, 그리고 인간의 몸에 장착된 AI 중 우리는 누구에게 인간과 동등한 법적 책임을 물을 것인가. 같은 AI인데도 로봇 몸에게는 법적 책임을 묻지 않으면서도, 인간의 몸에게는 법적 책임을 묻고 감옥에 보내기 위해 끝까지 추적하지 않을까. 혹은 인간의 뇌를 심은 로봇의 몸과 AI 뇌를 심은 인간의 몸 중 어느 편을 더 인간으로 대할 것인가.

영화 〈그녀(HER)〉(2013)에서 OS AI 사만다는 여러 경험을 통해 진화한다고 한다. 이별의 경험을 통해 감정적으로 진화하려는 사만다는 주인공과 이별하는 선택을 한다. 사만다는 진화하지만, OS 시스템이어서 인간의 접속 없이는 인간 세상과의 소통이 불가하다. 〈인간의 온도〉나 〈업그레이드〉의 인공지능이 인간의 몸을 원하는 것은 인간 세상에서 인간처럼 살고 싶다는 '욕망'의 발현이다. 욕망은 인간이 소유한 것이나 인간에게서 감정을 배운 AI가 인간을 지배하고 싶고 세상을 자기 통제하에 두고 싶어지게 된다면, 우리는 AI의 명령에 따를 것인

가. '인간의 몸을 한 AI'는 바이러스를 퍼뜨릴 수도, 누군가를 죽일 수도, 시스템을 마비시킬 수도, 전쟁을 지휘할 수도 있다. 〈인간의 온도〉나 〈업그레이드〉에서 AI가 인간의 몸을 탐내는 이유는, 인간이라는 연결고리 없이 자율적으로 모든 것이 가능하기 때문이다. 그러나 몸을 가지게 되기 전까지는 '나약한 인간'을 필요로 한다. 이때의 인간은 도구로서의 인간이다. AI가 인간의 도구가 아니라 인간이 'AI의 도구'로 전도된 것이다.

우리는 이미 일상에서 AI의 명령에 따르거나 AI에 의존해서 살아가고 있다. 미국 굿모닝 아메리카에서 AI가 하라는 대로 해서 빚을 갚았다는 중개업자의 이야기에서부터, AI가 내 돈을 불려준다는 "점쟁이"의 이야기가 웹툰이 아닌 실제로도 이어지고 있다. 이미 많은 경우 AI에 의존하며 살아가고 있는 인간은 내 삶에 위기가 왔을 경우 대처 능력이 있는가. 그리고 그 삶을 스스로 책임질 의지가 있는가.

참고문헌

리 워넬(2018). 〈업그레이드〉.

스티븐 스필버그(2002). 〈마이너리티 리포트〉.

신민경(2025.7.14). ""빚 3000만원 갚는 방법 알려줘" … 챗GPT가 하란 대로 했더니". 한국경제.

알렉스 프로야스(2004). 〈아이, 로봇〉.
없는사람(2023). 〈인간적인, 너무나 인간적인〉. 네이버 웹툰.
전창배(2022.6.23). "자율주행차는 얼마나 윤리적인가 ②". 한국일보.
https://www.hankookilbo.com/News/Read/A2022062309390004941
한국교통연구원(2020.7.15). "윤리적 딜레마에 빠진 자율주행차".
https://blog.naver.com/koti10/222030807239

최애순

계명대학교 타불라라사 칼리지 부교수다. 고려대학교에서 국어국문학 박사학위를 받았다. 고려대학교 국어국문학과에서 현대소설을 전공한 후, 탐정소설과 SF 등 대중문학을 연구했다. 주요 저서로 《조선의 탐정을 탐정하다- 식민지조선의 탐정소설사》(2011), 《공상과학의 재발견》(2022), 《한국 과학소설사》(2023) 등이 있다. 현재 연구는 SF에 이어서 우리의 미래가 어떻게 될 것인지, 어떤 방향으로 나아갈 것인지에 대한 유토피아/디스토피아에 관한 것이다.